ISRAEL
importa

ISRAEL
importa

**Por qué los cristianos debemos pensar de manera
distinta sobre el pueblo de Israel y su tierra**

Gerald R. McDermott

ESPAÑOL

NASHVILLE, TENNESSEE

Contenido

Prólogo

Una de las cosas que más disfruto cuando llevo cristianos occidentales a Israel son las conversaciones que se generan. Israel es uno de los pocos países en el mundo donde se puede sostener una conversación teológica, política e histórica —todo a la vez con respecto a Israel—sin cambiar de tema. No obstante, como suele suceder cuando se ponen en juego compromisos religiosos e ideológicos personales, los diálogos no siempre giran hacia una dirección saludable. Existen prejuicios, malentendidos y hasta teorías de conspiraciones que tiñen la conversación y nos impiden desarrollar opiniones constructivas.

Para muchos cristianos, Israel se ha transformado en un tema principalmente abstracto, restringido al mundo del estudio de la escatología (es decir, de los últimos tiempos), y no toman en cuenta sus implicaciones, en particular, en lo que se refiere al conflicto israelí-palestino. Esto ha levantado ciertas críticas entre otros círculos cristianos que ven el quebranto y el sufrimiento del pueblo palestino. En consecuencia, estos grupos proponen que la solución al problema es terminar por completo con las convicciones escatológicas, en particular con el dispensacionalismo, que enseña sobre un retorno del pueblo judío a Israel, argumentando que, fuera de este precepto escatológico, tal enseñanza no sería sostenible sobre la Escritura.

Como señaló uno de los directores de The Philos Project [El Proyecto Philos], una organización sin fines de lucro que se dedica a promover un compromiso cristiano positivo con Medio Oriente: «El error de ambos lados es que simplifican algo que en realidad es muy complejo». Un retorno escatológico del pueblo judío a la tierra de Israel no es una enseñanza novedosa que empezó a mediados del siglo XIX con el dispensacionalismo. De hecho, Israel es un misterio que la

Iglesia ha tratado de descifrar a lo largo de su historia desde el primer siglo en la era cristiana.

Por otra parte, es demasiado simplista decir que tal enseñanza escatológica es la única (o la mayor) fuente del sufrimiento de los palestinos. Esta percepción ignora un sinnúmero de hechos fundamentales cuya comprensión ilumina nuestro entendimiento para que podamos formar opiniones bien fundamentadas.

Sin embargo, más importante aún es señalar que una cosa no lleva a la otra. La organización The Philos Project se dedica a tiempo completo a educar y equipar a otras personas para marcar una diferencia en Medio Oriente, y no acepta la noción de que, para ello, se debe rechazar o abrazar una escatología específica. Es posible —incluso independientemente de cuál sea la opinión escatológica que se sostenga— creer en un retorno profético y abogar por el bienestar de los palestinos; ambas posiciones no se excluyen entre sí.

He tenido el privilegio de dirigir estas conversaciones entre las iglesias e instituciones hispanas en Estados Unidos y América Latina. No obstante, apenas estamos adentrándonos en la superficie. La razón tiene que ver, en buena medida, con la gran falta de recursos disponibles que ayuden a abordar de mejor manera las discusiones teológicas y sus implicaciones modernas concernientes a Israel. Son pocos los libros en el mundo angloamericano que abordan ambas necesidades de una manera académica y equilibrada, y en el mundo de habla hispana, son menos aún. En realidad, casi no existen. En esto radica la importancia del libro que tienes en tus manos.

El autor, Dr. Gerald McDermott, por primera vez les ofrece a sus lectores de habla hispana una introducción al pensamiento cristiano sobre Israel, más allá del dispensacionalismo que prevalece en la actualidad. El autor no tiene la intención de criticar tal sistema, sino que más bien se propone a ayudar a sus lectores a darse cuenta de que la creencia en un retorno profético del pueblo judío a la tierra de Israel, como parte del plan redentor de Dios, no es una construcción exclusivamente dispensacional. De una manera sencilla pero profunda, McDermott muestra cómo otros pensadores cristianos de diversas tradiciones eclesiásticas, empezando por los patriarcas de la iglesia del primer siglo, compartían este punto de vista.

Sin embargo, lo que hace a este libro aún más oportuno para nosotros es el invaluable testimonio de McDermott. El autor comparte con sus lectores la travesía personal en la que él se embarcó desde la Escritura y los desafía a pensar otra vez sobre el pueblo judío y la tierra de Israel. McDermott dedica un capítulo completo a considerar las objeciones políticas contemporáneas, y responde de manera directa a la pregunta que muchos se hacen hoy, ¿y qué de los palestinos?

La preocupación sobre el futuro del pueblo palestino es pertinente. Al igual que el pueblo judío, es un pueblo creado a imagen de Dios y merece nuestro amor y nuestro apoyo. Pero ¿será posible abogar por el bienestar del pueblo palestino y a la vez creer en un retorno profético del pueblo judío a la tierra de Israel?

Esta es una pregunta difícil que amerita una respuesta prudente y reflexiva. Me alegra poder asegurar que *Israel importa* nos ofrece precisamente eso.

Jesse Rojo
Director de Asuntos Hispanos
The Philos Project

Introducción

Hace algunos meses una líder cristiana joven me escribió sobre Israel. Es una joven intelectualmente curiosa, comprometida con Dios y que asiste a una universidad cristiana de renombre. «Me criaron en una iglesia conservadora —expresaba—, y apoyaba con ingenuidad todo lo que Israel hacía. Nos inculcaron que el Señor le había dado la tierra de Israel a Su pueblo, los judíos, y pensábamos que el conflicto armado de 1948 era un acto religioso de personas que buscaban a su Dios.

Luego, en la universidad, cuando leí *The Promise* [La promesa], una novela de Chaim Potok, me pareció que Israel no había reclamado la tierra como un pueblo lleno de fe en busca de su herencia divina, sino como uno que, destrozado y desilusionado por el Holocausto, decidió no esperar más por un mesías. Sintieron que debían tomar la tierra por sus propios medios y lo hicieron a través de la violencia.

Así que, me pregunto si eso fue correcto. ¿Debieron esperar los judíos a que el mesías los regresara a la tierra? ¿Su lucha por la tierra fue darle la espalda a Dios?».

PROBLEMAS CON EL SIONISMO CRISTIANO

Hace tiempo me pregunté lo mismo. No entendía por completo lo que era el sionismo cristiano. Era un término utilizado para expresar que la Biblia había profetizado el estado de Israel y que este desempeñaría un papel importante en los eventos del fin del mundo, el cual, se afirmaba, ya estaba cerca. Yo sabía que no era el sionismo judío que algunos occidentales injustamente asociaban con el bombardeo al hotel Rey David en Jerusalén en 1946. (Digo «injustamente» porque han existido sionistas judíos por miles de años que condenan los actos terroristas). El sionismo cristiano al que las décadas de los 70 y los 80 hacían referencia estaba inspirado en una especie de teología de dispensaciones que yo no compartía. Sabía que en cierto sentido todas las teologías cristianas incluyen dispensaciones porque creen que el Señor obra diferente con Su pueblo en varias eras o dispensaciones. Sin embargo, un tipo de dispensacionalismo en particular afirmaba que Israel y las naciones gentiles avanzaban en dos caminos distintos y que Dios trataba con ellos por separado.

No podía aceptar eso. En la Biblia, la historia de Israel siempre confluía con el resto del mundo. Y en la iglesia primitiva, judíos y gentiles usualmente confraternizaban juntos en la misma congregación.

Existieron otras razones por las que no podía aceptar esta clase de dispensacionalismo. Era como si algunos promotores de la idea pensaran que el estado de Israel era irreprochable. Por ejemplo, me preguntaba si Israel no quebrantaba leyes internacionales mediante su continua ocupación del Banco Oeste.

Sabía que los palestinos afirmaban que esa también era su tierra. Muchos de ellos manifestaban que los ocupantes israelíes los oprimían cruelmente. ¿Era eso verdad? Si lo era, ¿cómo podía el nuevo estado de Israel ser algo que provenía de Dios y del cumplimiento de Sus promesas?

EL NUEVO ISRAEL

Otra razón por la que no podía aceptar esta clase de dispensacionalismo sobre Israel se relacionaba con la confianza que algunos dispensacionalistas mostraban en el conocimiento de lo que sucedería, evento por evento, en el fin de los tiempos. Conocía las otras clases de dispensacionalismo que rechazaban tales proyecciones. No obstante, esta clase más popular proponía calendarios detallados y fechas que parecían ser solo especulaciones.

Yo estaba convencido de que la Iglesia era el nuevo Israel. Esto significaba que después de la muerte y la resurrección de Jesús, el pacto que el Señor hizo con Israel fue transferido a quienes creían en Cristo. La gran mayoría de los judíos que lo rechazaron como su Mesías, ya no eran la niña de los ojos de Dios. Para Él, no eran diferentes de las personas que escuchaban el evangelio y lo rechazaban. El antiguo Israel ya no era el verdadero Israel. La Iglesia de creyentes en Jesucristo se había convertido en el nuevo Israel. O al menos así pensaba. Esta era la interpretación cristiana que aprendí de los teólogos reformados, como Juan Calvino, y que ahora muchas iglesias cristianas adoptaban (principalmente protestantes, católicas y un creciente número de congregaciones evangélicas).

Así que, para mí, era complicado creer que el Israel moderno era el cumplimiento de la profecía bíblica. Allí, la mayoría de los judíos eran seculares o religiosos, pero no mesiánicos, y tal realidad parecía imposibilitar cualquier conexión entre su tierra y las profecías bíblicas. Pensé que eso podría cambiar si algún día la mayoría de ellos aceptaban a Jesús. Pero, mientras tanto, el Israel moderno no parecía estar relacionado con la Biblia.

¿NO ABOLIÓ CRISTO LA DISTINCIÓN ENTRE JUDÍOS Y GRIEGOS?

Existían otras razones para no aceptar las afirmaciones que los dispensacionalistas o los sionistas hacían sobre Israel. Me impactó la declaración de Pablo en Gálatas 3:28, en donde señala que, en Cristo, «... no hay judío ni griego...». Afirmaba, al parecer, que las distinciones entre judíos y gentiles, incluso entre los judíos que creían en Cristo y los creyentes gentiles, ya no eran importantes. En otras palabras, ninguna particularidad judía, a menos que encontrara su cumplimiento en Jesús, era de relevancia o interés para los cristianos.

Esto incluía la tierra y el pueblo de Israel actuales; su importancia parecía ser solamente histórica. Yo sabía que su historia podía ayudarnos a apreciar el contexto de Jesús miles de años atrás, pero no comprendía su trascendencia para el cristianismo actual.

DESCUBRIMIENTOS ASOMBROSOS

Pero después hice algunos descubrimientos asombrosos. Entre los primeros, que el Nuevo Testamento nunca se refiere a la Iglesia como el nuevo Israel. Eso me condujo a preguntar cuál era verdaderamente la relación entre el Israel del Antiguo Testamento y la Iglesia. Con posterioridad examiné al detalle, Gálatas 3:28. Pablo ciertamente señaló que, en Cristo, ya no hay judío ni griego. Pero también afirmó que «… no hay varón ni mujer…» porque todos son «… uno en Cristo». Entendí que aún hay diferencias entre hombres y mujeres y que el mismo apóstol hizo referencia a distintos roles para ambos en el matrimonio.

Pablo dijo que las esposas deben someterse a los esposos como la Iglesia se somete a Cristo. También escribió que el esposo es la cabeza de la mujer; nunca enseñó que ella es la cabeza del esposo. Sé que los intérpretes disputaban el significado de estas palabras (si el matrimonio debía ser igualitario o complementario. El hecho era que para el apóstol, los hombres y las mujeres son uno en Cristo; sin embargo, *al mismo tiempo son distintos* y desempeñan roles diferentes.

Si la distinción entre el hombre y la mujer persiste, ¿qué sucede con las diferencias entre los judíos y los gentiles? ¿También permanece esa distinción en la Iglesia, donde todos somos uno en Cristo Jesús? Y, si la unidad de judíos y gentiles en Cristo no abole sus diferencias, ¿qué sucede con la distinción entre Israel y el resto de las naciones?

DIOS TODAVÍA LOS AMA

Nunca olvidaré el día en el cual leí la declaración de Pablo donde afirmaba que Dios aún amaba a los judíos, aunque rechazaban a Jesús. El Señor mantenía Su pacto con ellos como pueblo. En la iglesia de Roma, el apóstol se refirió a los judíos de esta manera: «… son tenidos por enemigos de Dios a fin de darles oportunidad a ustedes; pero Dios todavía los ama a ellos, porque escogió a sus antepasados. Pues lo que Dios da, no lo quita, ni retira tampoco su llamamiento» (Rom. 11:28-29, DHH).

Siempre asumí que Pablo hablaba solamente de los judíos del pasado, antes de que Jesús viniera. Pero al examinar con más detalle, me pareció claro que hablaba sobre los judíos en su propia época, quienes escucharon su predicación sobre Jesús y la rechazaron. Él afirmó que, aunque estos judíos rechazaban a Jesús, Dios los amaba. No que «los había amado», sino que «todavía los amaba». No en pasado, sino en presente. Incluso, aunque optaron por rechazar el evangelio, El Señor los amaba. Y no de la manera en que Dios ama a todas las personas, sino con una clase especial de amor. Eso es evidente en la extensa disertación de Pablo sobre los judíos en Romanos 9–11.

«Sus dones y su llamado» estaban todavía vigentes. El «llamado» era el pacto que Dios estableció cuando llamó a Abraham para que tuviera una relación especial con Él, para que el patriarca y sus descendientes fueran Su pueblo escogido.

Pablo utilizó la palabra «pacto» en este pasaje donde aborda el rechazo de la mayoría de los judíos hacia el evangelio: «... tengo gran tristeza y continuo dolor en mi corazón. Porque [...] mis parientes según la carne; que son israelitas, a quienes pertenece la adopción como hijos, y la gloria, los pactos, la promulgación de la ley, el culto y las promesas» (Rom. 9:2-4, LBLA).

Al principio me confundió la referencia de Pablo a los pactos (plural). Después me percaté de que Jesús habló de la «sangre del nuevo pacto» (Mat. 26:28; Mar. 14:24), para sugerir que existía un pacto fundamental (abrahámico) y que los otros, como el mosaico y el davídico, eran diferentes aspectos del establecido con Abraham.

UN FUTURO PARA ISRAEL

La nueva comprensión de que Dios aún mantenía Su pacto con los judíos, incluso con aquellos que rechazaban a Jesús, me aclaró otros asuntos.

Por ejemplo, entendí que la mayoría de los profetas mayores predijeron un regreso de los judíos a su tierra ancestral. Antes pensaba que se referían al regreso de su exilio en Babilonia. Pero después observé que tanto Jesús como los apóstoles señalaron que habría una restauración de Jerusalén e Israel en *su* futuro la cual afectaría al resto del mundo.

Cristo afirmó que, en algún momento del futuro, las tribus judías de «la tierra» harían lamentación por Él y que los apóstoles las juz-

Israel importa

garían (Mat. 19:28; Apoc. 1:7). Eso no sucedió en su época y no ha sucedido todavía. Al parecer, solo puede significar que Jesús, en los días postreros, regresará a Israel cuando las tribus aún existan.

También significa que en el futuro sucederán cosas en Israel que no ocurrirán en el resto del mundo. Lo que sugiere que existirá una diferencia entre dicha nación y el mundo, la que yo pensaba era imposible después del 33 d.c.

En Hechos 3:21, Pedro estableció que una futura restauración de todas las cosas estaba por efectuarse. Para «restauración» utilizó la misma palabra griega que se utilizaba en ese tiempo para el regreso de los judíos a la tierra de Israel. Así que, él enfatizaba en que después de la resurrección de Cristo habría otro regreso de los judíos a su tierra.

Eso no sucedió hasta 1948 cuando surgió el moderno estado de Israel. Entonces, ¿podría ser que este tenga alguna conexión con la profecía bíblica?

Cuando comencé a reexaminar la pregunta, consideré con más detalle la historia reciente. Descubrí, entre otras cosas, que la fundación del Israel moderno era tanto secular como religiosa. Había judíos seculares y judíos religiosos entre los primeros sionistas. No fue un asunto exclusivamente secular.

¿QUÉ SUCEDE CON LOS PALESTINOS?

También aprendí que, aunque hay palestinos disgustados por la ocupación israelí en el Banco Oeste, existen 2 millones de árabes que son ciudadanos de Israel, la mayoría de ellos agradecidos por vivir en el único estado del Medio Oriente con libertad religiosa. Lo están por ser capaces de participar en la mejor economía de la región y una de las más consolidadas en el mundo. Incluso algunos de ellos creen que Dios escogió a Israel para poseer esa tierra.[1]

Cuando mi hijo y yo recorrimos en el 2009 el camino de Jesús en Galilea,[2] los árabes cristianos nos informaron en privado que su verdadero enemigo no era el gobierno israelí, sino sus «primos árabes». No podían expresar esto públicamente porque temían represalias por parte de los árabes musulmanes.[3]

Para entonces, había aprendido más sobre la acusación de que Israel estaba quebrantando las leyes internacionales. El principal argumento se basaba, y hoy aún lo hace, en la Resolución 242 de las Naciones Unidas. Descubrí que este documento aprobado después de la guerra de 1967, ordenaba retirarse de «territorios» no de todos «los territorios» y estipulaba que tal movimiento debía llevarse a cabo solo después de que los vecinos de Israel reconocieran su derecho a existir y estuvieran dispuestos a establecer fronteras definidas. Aquellos que redactaron la Resolución sabían que Israel necesitaría permanecer en algunos lugares para protegerse a sí mismo. Probablemente tenían la sospecha de que sus vecinos podrían no reconocer su derecho a existir, ni accedieran a establecer fronteras. Tenían razón.

EL RESTO DE ESTE LIBRO

Quisiera presentarte un bosquejo del resto de este libro. El primer capítulo explica lo qué han pensado los cristianos sobre Israel en los últimos 2000 años. Básicamente lo han hecho como yo antes de comenzar mi investigación. Este capítulo mostrará *por qué* ellos han pensado de esa forma.

Luego, en el capítulo 2, observaremos que los autores del Nuevo Testamento *no* pensaban de esa manera. Cuando hablaban de Israel, siempre se referían a los judíos y a los gentiles que querían unirse al Israel judío. El término «nuevo Israel» está ausente de todo el Nuevo Testamento. Ese es el significado del término: la idea de que podía existir un Israel sin tener como base al Israel judío.

El capítulo 3 repasa la historia del sionismo cristiano en la Iglesia. Muestra que en los últimos 2000 años una minoría de cristianos ha rechazado la opinión general. El capítulo muestra por qué ellos creían, especialmente desde la Reforma, que el pueblo y la tierra de Israel aún son importantes para Dios.

En los capítulos 4 y 5 acudiremos directamente a la Biblia. En el primero analizaremos el Antiguo Testamento para estudiar a detalle el pacto del Señor con Israel. Ahí observaremos que la tierra de Israel estaba en el *centro* del pacto.

El capítulo 5 es quizá el más sorprendente. En él veremos que el Nuevo Testamento contiene muchas referencias a la tierra de Israel y al futuro del pueblo judío. Menciono «sorprendente» porque muchos cristianos piensan que el Nuevo Testamento no hace referencia a estos dos temas. Pero esta parte demostrará que los autores del Nuevo Testamento eran sionistas convencidos de que habría una restauración del *pueblo* de Israel a su *tierra* en algún momento del futuro.

Los capítulos 6 y 7 abordan las objeciones más comunes, tanto políticas como teológicas, contra esta perspectiva. El primero se enfoca en los palestinos. ¿Los judíos robaron su tierra? ¿Está violando Israel las leyes internacionales al ocupar parte del Banco Oeste? ¿Es racista el sionismo? ¿Estoy afirmando que debemos apoyar al actual estado de Israel sin importar lo que haga?

El capítulo 7 aborda barreras teológicas. Por ejemplo, la declaración en el Libro de Hebreos de que el antiguo pacto está obsoleto. También analizamos otros problemas: ¿abolió Cristo la ley?, la nueva perspectiva, que hace una distinción entre judíos y gentiles, ¿afecta la unidad en Cristo?, ¿significa esto que todos los judíos serán salvos?

El capítulo 8 aborda las consecuencias de esta nueva concepción de Israel (cómo leemos e interpretamos la Biblia, qué pensamos sobre la historia del cristianismo, cómo entendemos la historia de Israel y el conflicto entre israelíes y palestinos). También reflexiona sobre cómo los cristianos debemos relacionarnos con nuestros amigos judíos.

El capítulo 9 arriba a algunas conclusiones finales. Por ejemplo, que: Israel muestra quién es Dios y quiénes somos nosotros; que la historia sagrada no ha concluido; que el futuro, aunque velado, ya ha sido expuesto; que aún no hemos llegado al fin de los tiempos; que Israel y la Iglesia están inseparablemente conectados; y que la historia de los judíos nos enseña el misterio de la iniquidad.

———————

Este libro tiene el propósito de ser una introducción para aquellos que no han escuchado sobre estos temas. Abordo muchos asuntos, pero debido a limitantes de espacio no lo hago de manera profunda. Si desearas un análisis más detallado y académico sobre dichos temas, recomiendo que leas *The New Christian Zionism: Fresh Perspectives on Israel and the Land* [El nuevo sionismo cristiano: Perspectivas frescas sobre Israel y su tierra], ed. Gerald R. McDermott (IVP Academic, 2016).

1

Una comprensión errónea de la historia

La mayoría de los cristianos, durante casi toda su historia, han estado equivocados sobre Israel. Han creído en lo que los eruditos llaman «suplantación». Esta perspectiva indica que la Iglesia ha suplantado a Israel. De acuerdo con este punto de vista, después de que casi todo Israel rechazó a Jesús como su Mesías, Dios revocó Su pacto con el Israel bíblico y lo transfirió a aquellos que creyeron en Jesús. Por tal razón, la Iglesia se convirtió en el Nuevo Israel.

Como mencioné en la introducción, me parecía bastante lógico que la Iglesia fuera el Nuevo Israel. A fin de cuentas, Jesús abrió el reino para todo el mundo después de que Israel perteneciera solo a los judíos. Si Israel se relacionaba de alguna manera con el reino de Dios (y yo creía que sí), entonces era posible que Jesús simplemente hubiera extendido las fronteras del reino. Las amplió para abarcar el mundo entero.

No obstante, después conocí a un erudito cristiano llamado Baruch que vivió en Israel por muchos años. Él me mostró que la intención del Señor, desde el inicio, era utilizar a Israel para alcanzar al mundo. Cuando Dios se acercó a Abraham, el padre de Israel, Él dijo: «En tu simiente "serán benditas todas las naciones de la tierra"...» (Gén. 22:18, énfasis añadido). Después, Baruch me señaló que, a través de la historia de Israel, personas que no eran israelitas se unieron al pueblo judío. Rut fue un ejemplo entre muchos. Él me explicó que «incluso con estos extranjeros que se le unieron, Israel

21

continuaba siendo Israel, un pueblo judío. Incluía extranjeros, en ocasiones como judíos y en otras no, pero aún era un pueblo judío». Quizás me estoy adelantando. Permíteme explicar un poco más la lógica de la suplantación.

SUPLANTACIÓN O TEOLOGÍA DEL REEMPLAZO

La teología de la suplantación sostiene que Dios hoy (después de la resurrección de Jesús) le aplica a la Iglesia cristiana todas las promesas que Él le hizo al Israel del Antiguo Testamento. Ellas dependían de la obediencia al pacto. Los judíos bíblicos quebrantaron los términos del pacto, tanto antes de la venida de Jesús al quebrantar las leyes del Señor, como después de que Jesús viniera, pues rehusaron aceptarlo como su Mesías. Pero ya que el Hijo obedeció toda la ley de Dios y todos los que creen en Él están unidos a Él, Su obediencia es acreditada a ellos. Así que, mediante la virtud de Su obediencia y Su unión a Él, los cristianos reciben las bendiciones del pacto: son miembros del nuevo Israel, que es el cuerpo, la Iglesia.

A esto también se le llama la «teología del reemplazo». La Iglesia ha reemplazado al Israel bíblico como la niña de los ojos de Dios. El pacto del Señor con el antiguo Israel fue sustituido por el nuevo pacto de Jesús con los que creen en Él. La Iglesia ha relevado a los judíos como los herederos de todas las promesas bíblicas relacionadas con Israel. Cuando los cristianos leyeron las profecías del Antiguo Testamento sobre la restauración del pueblo de Israel a su tierra, debieron interpretar que ellas hacían referencia a la Iglesia cristiana. El verdadero significado, de acuerdo con esta perspectiva, es que la Iglesia heredará todo el mundo en el futuro. Toda la Iglesia será bendecida, no solo los judíos. No habrá distinción entre los judíos y los gentiles que creen en Jesús y no habrá tierra de Israel separada del resto del mundo porque la Iglesia ha reemplazado al pueblo étnico de Israel. Los judíos ya no son el pueblo de Dios de una forma especial y la tierra de Israel es como la de cualquier otro país en el mundo, por ejemplo, Uganda o Tailandia.

Esta es la perspectiva de la suplantación, y es lo que han creído la mayoría de los cristianos desde el siglo ii d.c. Como observaremos en el siguiente capítulo y en el resto del libro, los cristianos tenían una perspectiva diferente en el primer siglo, en las iglesias del Nuevo Testamento. Pero, después del año 135 d.c., cuando los judíos se rebelaron por segunda ocasión contra los romanos y fueron expulsados por completo de Jerusalén, las cosas cambiaron. Ser judío entrañaba un peligro sin precedente en la historia del Imperio romano. Debido a que hasta ese entonces los romanos pensaban que los cristianos eran judíos (por buenas razones), muchos cristianos consideraron que era momento de cambiar esa percepción. Comenzaron a distanciarse y a proteger su reputación de las cuestiones judías.[4]

JUSTINO MÁRTIR: EL «NUEVO ISRAEL»

Justino Mártir (cerca de 100-165) fue uno de los primeros destacados pensadores cristianos en hacer un señalamiento público de que el cristianismo era en su esencia diferente al judaísmo. Él sugirió que Jesús había iniciado una nueva religión, y rompió toda relación con el pasado judío. Justino no fue el primero en hacer tal sugerencia. La *Epístola de Bernabé* (escrita entre el año 70 y el 131 d.C.) argumentaba que todas las leyes ceremoniales del Pentateuco señalaban a Cristo y que los pecados judíos los descalificaban para permanecer en el pacto. Pero la mayoría de los historiadores concuerdan en que Justino fue el primero en establecer que la Iglesia era el «verdadero Israel».[5] Su explicación sobre este nuevo término se popularizó y convirtió en la nueva gran historia.

El apóstol Pablo comunicó la antigua «noticia de última hora» cuando les indicó a los creyentes gentiles que su unión con Jesús el Mesías mediante la fe les propiciaba ser parte de la «ciudadanía de Israel» (Ef. 2:12,19). Por «Israel», Pablo se refería a la familia de Abraham, quien fue el primer judío: «Y si vosotros sois de Cristo [tanto "Mesías" como "Cristo" significan "el Ungido"], ciertamente linaje de Abraham sois...» (Gál. 3:29). Pablo indicó esto porque, como él mismo explicó, el «linaje» o la simiente era Cristo (Gál.

3:16). Al ser uno con Él mediante la fe, los gentiles podían ser el linaje de Abraham. Por tanto, el evangelio significaba que ellos podían ser parte de Israel: «… la bendición de Abraham [alcanzaba] a los gentiles…» debido a las promesas hechas «… a Abraham […] y a su simiente…» (Gál. 3:14,16). Así que, las buenas noticias eran que ahora los gentiles podían, mediante la fe en Jesús, ser miembros de la familia de Abraham, suceso maravilloso porque todas las promesas de Dios habían sido hechas a este hombre y a su familia (el padre de los judíos y a todos sus descendientes judíos). Los gentiles podían convertirse en hijos e hijas de Abraham mediante la fe (Rom. 4:11) y eso establecía una conexión con el Israel judío, no se alejaba de él.

EL ISRAEL DE PABLO COMPUESTO DE JUDÍOS Y «AGREGADOS»

Para Pablo, Israel significaba la familia (judía) de Abraham y todos sus descendientes judíos, más los gentiles que se unieron a ella mediante el matrimonio o la fe. Esto sucedió en muchas ocasiones en el Antiguo Testamento, cuando gentiles como Rut, Rahab o los gabaonitas se hicieron parte del pueblo y fueron aceptados. Ellos y sus hijos llegaron a ser judíos, miembros de Israel. El Señor le dijo a Abraham que Él y la nación hebrea iban a aceptar completamente a los gentiles si ellos creían en el Dios de Israel:

«Y el extranjero que sigue a Jehová no hable diciendo: "Me apartará totalmente Jehová de su pueblo"».

«Y a los hijos de los extranjeros que sigan a Jehová para servirle, y que amen el nombre de Jehová para ser sus siervos; a todos los que guarden el día de reposo para no profanarlo, y abracen mi pacto, yo los llevaré a mi santo monte, y los recrearé en mi casa de oración; sus holocaustos y sus sacrificios serán aceptos sobre mi altar; porque mi casa será llamada casa de oración para todos los pueblos» (Isa. 56:3,6-7).

Tanto para Pablo como para Isaías, Israel era una *mancomunidad* a la que personas no judías podían unirse. A pesar de ser gentiles, podían convertirse en miembros de la familia judía si confiaban en el Dios de Israel, incluso si no se convertían en judíos reales. Los rabinos de los primeros siglos a.c. y d.c. enseñaban que, si los gentiles decidían no convertirse al judaísmo, pero creían en el Dios de Israel, asistían a la sinagoga en donde Moisés era «leído cada día de reposo» (Hech. 15:21) y obedecían los *siete preceptos de las naciones* (similares a los Diez Mandamientos), ellos podían ser «gentiles justos» que tendrían parte en el mundo venidero. Estarían asociados a Israel (serían miembros *agregados*) incluso si no eran judíos y, por ello, disfrutarían las bendiciones del nuevo mundo que vendría para todos los que estuvieran *en*, o *asociados a*, Israel. Lo importante aquí es que Israel aún significaba la familia de judíos que descendían del Abraham de la Biblia. Israel incluía a los judíos y a aquellos que creían en el Dios de los judíos pero que no se convertían formalmente al judaísmo.

Estos «agregados» a Israel no eran circuncidados, requisito necesario para la conversión de los hombres, pero se les consideraba parte del pueblo judío llamado Israel. Para expresarlo con el mismo término que Pablo tanto usaba, ellos eran miembros «adoptados» por la familia judía. Sin embargo, para Justino, Israel era la Iglesia, sin relación a los judíos o al Israel bíblico. Teóricamente, era posible que en el nuevo Israel de Justino hubiera pocos judíos, o incluso ninguno, sin que tuviera conexión alguna con el judaísmo y, por tanto, sin relación con la familia de Abraham. Por esta razón, el nuevo Israel de Justino era bien diferente a aquello a lo que Pablo se refería cuando hablaba de dicha nación.

Justino podía pensar de esta forma porque, para él, los gentiles eran más importantes que los judíos. La historia de la salvación no era que Jesús había cumplido las promesas hechas a los patriarcas judíos, como María declaró en su Magníficat y Pablo señaló a la iglesia en Roma,[6] sino de las distintas maneras en que la Palabra —el Logos— se dirige a diferentes culturas. El Logos hablaba de una forma a los judíos, pero de otras maneras a los demás, especialmente a los griegos. Los judíos tenían sus profetas, también los tuvieron los griegos: Sócrates y Platón. Lo importante era que Cristo «estaba en el Logos que habitaba en cada hombre» e inspiraba toda la verdad que encontramos en el mundo.[7] El Antiguo Testamento era esencial, no porque revelara al Dios de Israel como el Dios verdadero, sino porque predecía al Logos verdadero.

De acuerdo con Justino, la ley del Sinaí era anticuada y solo pertenecía a los judíos. La nueva ley de Cristo había sustituido a la anterior y ahora la nueva ley incluía a todos. Por esta causa, la relación de Dios con Israel era física y temporal, pero esta nueva relación con la Iglesia era espiritual y permanente. El antiguo Israel compuesto por los judíos ya no era Israel en un sentido eterno. Ahora la Iglesia, que en tiempos de Justino se componía cada vez de más gentiles, había absorbido el término «Israel», ya no era algo esencialmente judío, se había convertido en un pueblo de más gentiles que judíos y, un día, sería casi del todo gentil. Como se trataba de algo nuevo que Dios estaba haciendo y Él había desechado al antiguo Israel, entonces el nuevo Israel era bueno y el antiguo, malo.

JACTARSE CONTRA LAS RAMAS

Como Oskar Skarsaune apunta, Justino hizo lo que Pablo había ordenado no hacer: «No te jactes contra las ramas» (Rom. 11:18).[8] En Romanos 11, Pablo señaló que los gentiles eran como un «olivo silvestre» que fue injertado en el olivo de Israel, de donde algunas «ramas naturales [judíos] por su incredulidad fueron desgajadas» (vv. 17,20,21). Él les advirtió a los gentiles que seguían a Jesús que no fueran arrogantes y les recordó la Escritura: «… no sustentas tú a la raíz [el Israel judío], sino la raíz a ti» (v. 18). Justino parece haber olvidado esto.

Ahora, no estoy diciendo que todo lo que Justino dijo y defendió estaba equivocado. Por supuesto que no, Justino fue un valiente y brillante patriarca de la Iglesia en muchos aspectos.[9] Ayudó a que la iglesia primitiva comprendiera cómo relacionar a Jesús con las religiones no cristianas de su tiempo, en especial con las filosofías griega y romana. (En el mundo antiguo, la filosofía era sobre Dios y la realidad concreta y, debido a ello, era religiosa y no simplemente lo que conocemos hoy como «filosofía»). Él aclaró bastante cómo obra Dios en las personas que no han escuchado el evangelio, y con valor entregó su vida por la fe (por esta razón se le conoce como Justino Mártir). Pero en lo que respecta a Israel y al judaísmo de Jesús, puso a la Iglesia en el camino equivocado.

IRENEO: ISRAEL INNECESARIO

Otro padre que guio de manera equivocada a la Iglesia en el tema de Israel fue Ireneo (cerca de 145-202). Él fue un excelente maestro en otros aspectos. Su libro, *Contra los herejes,* fue una poderosa respuesta contra la herejía del gnosticismo cristiano, que señalaba a Jesús como alguien que no poseyó un cuerpo real y que no sufrió. La filosofía griega de que Dios era perfecto y que por ende nunca cambiaba había convencido a los gnósticos. Tal pensamiento sostenía que la Deidad no podía convertirse en un hombre de carne y hueso sometido a las vicisitudes de la historia. Algunos gnósticos afirmaban que el sufrimiento entrañaba cambio, por lo cual Jesús se convirtió en el Cristo durante su bautizo ya que no era posible que experimentara el sufrimiento de nacer o crecer hasta la adultez. Ellos también concluían que Dios debió quitarle su condición de Cristo antes de ser crucificado porque el Padre nunca habría tolerado un sufrimiento tan horrible.

Ireneo argumentaba de forma elocuente que Jesús era el Cristo desde Su nacimiento y hasta Su muerte, que tenía carne humana real y que en verdad padeció. De hecho, Él *tuvo* que sufrir porque varias profecías indicaban que los padecimientos del Mesías salvarían a la humanidad de sus pecados. Y, más importante aún, Jesús debía deshacer el daño que Adán, con sus pecados, había hecho a la humanidad. Él debía «replicar» la vida del hombre al vivir cada etapa. De esta manera, el Segundo Adán, (Jesucristo) podría recrear la naturaleza humana, manchada fatalmente por el pecado. Ahora los humanos podían unirse a Su persona mediante la fe y recibir de Él una nueva condición que estaba libre de la enfermedad con la que el primer Adán la había infectado. Desde entonces esto fue lógico para los creyentes. Sin embargo, al pasar directamente desde el pecado de Adán hasta la recreación de la naturaleza humana del Segundo Adán, Ireneo sugirió que la historia de Israel era una distracción innecesaria para la historia de la salvación. Para él, Israel se convirtió en un ejemplo de la manera incorrecta de acercarse a Dios. La del judaísmo era una, bastante triste además, de las tantas dispensaciones en la historia de la salvación. Los judíos eran «testarudos» y su religión, «carnal» y «mundana». La ley que el Señor les dio solo era «temporal».[10]

Así que, aunque Ireneo ayudó a los cristianos a liberarse de lo que la filosofía griega asumía de Dios, también contribuyó a perpetuar nuevas ideas de un cristianismo disociado de sus raíces hebreas y de la ley judía. Como Justino, Ireneo escribió que el Señor había terminado Su pacto con Israel porque los estaba castigando por rechazar al Mesías. Los judíos fueron «desheredados de la gracia de Dios».[11]

ORÍGENES: LA ESPIRITUALIZACIÓN DE LAS PROMESAS

Otros padres de la Iglesia también desarrollaron este patrón de pensamiento. Orígenes (cerca de 184-254) argumentó que si el Mesías estableció un nuevo pacto, el anterior había terminado. Y si Jesús vino a traer salvación espiritual, entonces todas las promesas sobre una futura tierra deberían ser interpretadas espiritualmente. ¿Por qué? Porque ambas cosas no podían ser ciertas al mismo tiempo. Si la salvación de Jesús es espiritual, entonces no debe ser terrenal. De acuerdo con Orígenes, el verdadero Israel es el grupo *espiritual* que sigue a Jesús como el Mesías.[12] Los lectores deben saber que Orígenes tuvo una gran influencia de Platón y sus intérpretes. Platón había enseñado que «el cuerpo es la prisión del alma». No hay duda de que esta perspectiva negativa de los cuerpos y la materia influenció la decisión de Orígenes de espiritualizar todas las profecías bíblicas sobre la tierra y los cuerpos (judíos).

Ejerció gran influencia después del tercer siglo, aunque muchos cristianos de la actualidad no han escuchado sobre él. Escribió cientos de libros que muchos maestros y teólogos usaron como textos de referencia. Como resultado, muchos líderes cristianos adoptaron su interpretación de Israel en los siglos venideros.

Hasta el siglo IV, los escritos cristianos sobre los judíos eran más teológicos y no particularmente emocionales. Justino, por ejemplo, escribió sobre el judío Trifón, refiriéndose a él como su «amigo».[13] Pero después otro tono comenzó a utilizarse con Juan Crisóstomo (cerca de 349-407), el orador «boca de oro» de Constantinopla, que le dijo a su congregación que los judíos sacrificaban sus hijos al demonio y declaró: «Odio a los judíos».[14] (De nuevo, no estoy condenando todo lo que Crisóstomo realizó y declaró, ya que fue un gran predicador y padre de la Iglesia que la guio a un mayor conocimiento y a una adoración más profunda del Dios trino. Pero debido a la influencia de Orígenes y a que algunos cristianos estaban tentados a convertirse al judaísmo, decidió satanizar trágicamente al pueblo judío). Agustín (354-430), quizá el más reconocido padre de la Iglesia, no compartía la perspectiva de Crisóstomo. Él dijo que la Iglesia debía dejar el nombre oficial de Israel para los judíos, pero al mismo tiempo argumentaba desde el punto de vista teológico que la Iglesia era el nuevo Israel.[15] Debido a que Agustín estableció las bases de la teología cristiana occidental, la mayoría de los cristianos de la Edad Media en Occidente adoptaron la teología del reemplazo o la suplantación.

LUTERO Y CALVINO: EL RECHAZO A LOS JUDÍOS

En los primeros años de su carrera, Martín Lutero (1483-1546), escribió diversos ensayos que mostraban aprecio por las raíces judías del cristianismo. El más famoso se tituló «Que Jesucristo nació judío» (1523). Pero más adelante escribió cosas odiosas sobre los judíos. Debido a que rehusaban comprender lo que para él era obvio (que Jesús era su Mesías) declaró que quizás serían motivados a creer que sus hogares fueran destruidos y sus sinagogas incendiadas.[16] Quienes han estudiado a Lutero piensan que declaró estas cosas porque él creía que el mundo acabaría en su tiempo y que el demonio estaba cerca, engañando a todo aquel que no aceptara el evangelio. Estos escritos de Lutero resultaron perturbadores, pero debemos añadir que también dijo cosas similares sobre los musulmanes turcos, los campesinos que se rebelaron y el papado.[17]

Calvino (1509-64) fue menos violento en su lenguaje, pero también creía en la suplantación. Como algunos de los padres de la Iglesia, enseñó que el Señor estaba castigando a los judíos al quitarles el pacto. En *Institución de la religión cristiana*, escribió que «aunque los judíos parecían ser el pueblo de Dios, ellos no solo rechazaron la enseñanza del evangelio, sino que también lo persiguieron». Así que, «Dios niega estar obligado a [sus] perversos sacerdotes por el hecho de haber establecido un pacto con su padre Leví para ser Su ángel o intérprete [...]. Dios admite abiertamente esto y argumenta estar dispuesto a cumplir su pacto, pero como ellos no correspondieron merecen ser repudiados».[18] Para Calvino, y muchos de los padres de la Iglesia que lo precedieron, el Señor puso fin al pacto con Israel porque sus líderes rechazaron a Jesús.[19]

Deístas: milagros fraudulentos y profecías supersticiosas

Los deístas, pensadores ingleses de finales del siglo VII y comienzos del siglo VIII, aceleraron el movimiento cristiano contra los judíos. Se les conoce por haber rechazado la divina providencia, que es la idea de que Dios interviene en la naturaleza humana. Sin embargo, algunos deístas aceptaban que Dios intervenía a veces. Benjamin Franklin, por ejemplo, fue bastante influenciado por los deístas ingleses y escribió: «Debo reconocer que tengo tanta fe en el gobierno general del mundo por la "providencia", que difícilmente puedo concebir que algo de tan grande importancia [la Convención Constitucional] [...] no sea influenciada, guiada y gobernada por el omnipotente, omnipresente y benévolo Gobernante, en quien todos los espíritus inferiores viven, se mueven y encuentran su existencia».[20] Lo que unía a los deístas era algo más: su rechazo a la revelación especial. Estaban convencidos de que un Dios justo no restringiría su revelación a ciertos momentos o lugares en la historia del mundo. La única verdadera revelación del Señor era, por tanto, a través de la razón que todos los seres humanos, en todo momento y lugar, han compartido. La idea de que El Señor eligiera a una tribu en específico para ser su pueblo escogido era anatema para ellos. ¡Un Dios justo no haría eso!

Esto significaba que los libros sagrados de los judíos eran sospechosos. Los deístas consideraban que los milagros del Antiguo Testamento eran un invento y que las profecías judías eran producto de la imaginación. Los sacrificios judíos eran «paganos», y la ley judía no tenía relación con las enseñanzas básicas de Jesús. Por ello, la ley del Antiguo Testamento no se relacionaba en absoluto con el evangelio del Nuevo Testamento. Los dioses de los dos Testamentos eran totalmente diferentes: el primero era un Dios de ira y el otro era un Dios de amor. La presunción judía de que eran el «pueblo escogido» era «ególatra» y «arbitraria». Los deístas ciertamente detestaban la arbitrariedad porque consideraban que se oponía a lo «razonable» y que Dios era un ser racional. Todo lo que ellos enseñaban como «irracional» de la doctrina cristiana clásica (trinidad, expiación mediante la sangre y la Deidad de Cristo) debía provenir de la arbitrariedad y la irracionalidad pagana de los judíos.[21]

El ataque de los deístas contra el judaísmo fue el primer desafío en la era moderna contra el llamado «escándalo de la particularidad». Esta es la idea de que un Dios que se revela a sí mismo en momentos y lugares específicos no es justo. La historia de los judíos como un pueblo especial, en una tierra en específico, a quienes, según la Biblia, el Señor ama, era algo que mortificaba a los deístas.

También era repulsivo para las filosofías francesas del siglo xviii, que aprendieron el antisemitismo de los deístas ingleses. Voltaire escribió en más de una ocasión sobre «los detestables judíos» y una vez apuntó que un judío era alguien que debía tener escrito en su frente «digno de ser ahorcado».[22]

Schleiermacher: prohibir el Antiguo Testamento para adorar

Poco después de que las filosofías francesas decidieran que Israel no tenía relación con el cristianismo, el más grande de los primeros teólogos del cristianismo liberal profundizó aún más en esta idea. Friedrich Schleiermacher (1768-1834) concluyó que el Antiguo Testamento debía desecharse, poco a poco, de la adoración dominical. ¿Por qué? Él pensaba que era fundamentalmente diferente en su mensaje y en su espíritu. La única razón por la que se había utilizado hasta ese momento era su «conexión histórica» con los primeros cristianos. Pero si estos dejaban de «engañarse» a sí mismos, se percatarían de que el Antiguo Testamento carecía de la dignidad e inspiración del Nuevo Testamento. Por tanto, ninguna enseñanza cristiana debe o puede apelar a las enseñanzas hebreas. Los cristianos estaban equivocados al pensar que los salmos y los profetas eran similares en perspectiva a la iglesia primitiva.[23]

Notemos la distinción que Schleiermacher establece entre el espíritu judío y el espíritu cristiano. Esto se alejaba completamente de la declaración de Jesús cuando señaló que no había venido a abolir la ley judía, sino a cumplirla y que ni una jota (la letra más pequeña del alfabeto griego) ni una tilde (la puntuación más pequeña en el hebreo) pasaría de la ley sin cumplirse (Mat. 5:17-18).

Transcurrió menos de un siglo entre la muerte de Schleiermacher y el surgimiento de las iglesias cristianas germánicas que quitaron el Antiguo Testamento de sus Biblias y declararon que la religión judía era opuesta al cristianismo. Las Escrituras hebreas no se leyeron ni se predicaron más en los cultos dominicales. Creían que el Dios de Israel era por completo diferente al Padre de Jesucristo. Ahora era claro que las enseñanzas de suplantación de Schleiermacher habían llegado para quedarse.

EL DESPERTAR DESPUÉS DEL HOLOCAUSTO

La mayoría de los cristianos del siglo xix y principios del siglo xx no siguieron las enseñanzas de suplantación de Schleiermacher.

32

Ellos continuaron utilizando el Antiguo Testamento en los cultos dominicales y siguieron creyendo que el Espíritu Santo inspiró a los salmistas y profetas judíos para predecir la venida de Jesús. Pero después del holocausto, los eruditos cristianos se preguntaron cómo pudo florecer el nazismo en Alemania, quizás el país más cristianizado en la historia.

Los eruditos que estudiaban a Pablo se percataron de que habían omitido cosas extremadamente importantes en la Carta a los Romanos. El apóstol escribió: «No ha desechado Dios a su pueblo [judíos], al cual desde antes conoció...» (Rom. 11:2) y parecía contemplar un futuro en donde tuvieran una relación diferente con la Iglesia y su evangelio. «Si su exclusión... [resultó en la] reconciliación del mundo, ¿qué será su admisión, sino vida de entre los muertos?» (11:15). Los «dones» del Señor para los judíos y su «llamamiento» especial son «irrevocables» (11:29). Tal como los gentiles habían recibido «misericordia» de Dios a través del testimonio de los judíos, así también algún día los judíos la recibirían a través de la misericordia que Dios les daba ahora a los gentiles (11:31).

Un prominente erudito concluyó en la década de 1970 que Romanos 9–11 nos prohíbe afirmar que «la iglesia tomó para siempre el lugar de los judíos».[24] Otro destacado erudito de las cartas paulinas señaló que Pablo nunca llamó a la Iglesia la «nueva Israel» y nunca se refirió a los judíos como la «antigua Israel».[25]

Los investigadores que se enfocaban en Jesús también llegaron a conclusiones similares.[26] Comenzaron a percatarse de que Jesús era más judío de lo que imaginaban. Scot McKnight, por ejemplo, argumentó que Cristo no vino a comenzar una nueva religión, sino que intentó reestablecer el pacto con Israel al restaurar sus doce tribus. Jesús pensaba que a través de Su muerte todo Israel era crucificado y resucitado. De esa forma, Dios restauraría y renovaría a Israel. Los gentiles podían ser salvos solo al ser injertados a Israel, ya que Jesús proclamó que «... la salvación viene de los judíos» (Juan 4:22). Este sería el fin del exilio judío, donde otros les controlaban la tierra y su destino. A través de esta restauración nacional, Israel saldría del exilio y controlaría una vez más su tierra.[27]

Algunos historiadores del cristianismo primitivo apoyaron estas nuevas perspectivas sobre Pablo y Jesús. Robert Wilken, por ejemplo, mostró que en los primeros siglos después del Nuevo Testamento, los cristianos interpretaban los Evangelios de manera similar. Notaron que el ángel le indicó a María que Dios le daría a Jesús «el trono de David» y que Cristo reinaría «sobre la casa de Jacob para siempre» (Lucas 1:32-33). También se percataron de que Jesús habló de un día en donde los habitantes de Jerusalén le darían la bienvenida. Justo después de hacer lamentación por Israel como una ciudad que mataba a sus profetas, habló de un momento cuando los que habiten Jerusalén dirán: «[...] Bendito el que viene en el nombre del Señor» (Lucas 13:35). Wilken señala que los primeros cristianos interpretaban que estos pasajes señalaban hacia la «restauración y el establecimiento de un reino en Jerusalén».[28]

LA TEOLOGÍA DE LA SUPLANTACIÓN AÚN PREVALECE

¿Es la teología de la suplantación una cosa del pasado, al menos entre los eruditos? Podríamos pensar que sí. La mayoría de los eruditos, tanto católicos como protestantes, concuerdan en que ni Pablo ni Jesús enseñaron que el pacto con Israel había terminado. Cada vez más enseñan que Dios aún tiene una relación de pacto con Israel como pueblo, incluso con aquellos que no aceptan a Cristo como su Mesías. Pero eso es solo parte de la teología de la suplantación. La otra porción aún prevalece. Permíteme explicarlo.

En el Antiguo Testamento, el Señor hizo un pacto con Israel que establecía dos cosas: (1) Yo seré su Dios, ustedes serán mi pueblo y todas las naciones serán bendecidas a través de ustedes; y (2) les daré una tierra. Como observaremos en el capítulo 4, la tierra era sumamente importante en el pacto, de tal manera que el pueblo y la tierra siempre estaban conectados, incluso cuando el pueblo no vivía en ese lugar. Antes de llegar a ella, el pueblo vivía con la promesa de una tierra, esperando el día cuando el Señor los llevara allí cuando marchaban al exilio, soñaban con el día en que regresarían. Durante los 2000 años desde la destrucción de Jerusalén, un remanente siempre ha vivido en la tierra y los judíos alrededor del mundo oraban por el día en que la controlarían de nuevo. En la Escritura, el pueblo y la tierra siempre son considerados como algo integral, como alma y cuerpo. Así como la muerte separa temporalmente al alma y al cuerpo, que espera su eventual reunión, la separación de los israelitas de la tierra de Israel siempre ha sido un tiempo para esperar la restauración.

Sin embargo, la mayoría de los cristianos no entienden esto. No se percatan de por qué la tierra de Israel puede ser tan importante para dicho pueblo. Piensan que el reino universal de Jesús debe cancelar la importancia de una tierra en particular. Traducen de manera errónea la bienaventuranza «Bienaventurados los mansos, porque ellos recibirán la tierra por heredad» (Mat. 5:5), al interpretarla como «Bienaventurados los mansos porque ellos heredarán el mundo». Explicaré esta distinción en el siguiente capítulo.

Poco después de entrar al nuevo milenio, más de 200 líderes e intelectuales judíos publicaron una declaración sobre los cristianos y el cristianismo. En ella intentaron explicar a los cristianos por qué la tierra de Israel es tan importante para los judíos. Por un lado, escribieron, el establecimiento del estado de Israel fue el evento más crucial para los judíos después del holocausto. Pero más importante aún es que la tierra es central para el pacto de Dios con Su pueblo: es su «centro físico».[29] Sin embargo, la mayoría de los cristianos consideran que la tierra no es esencial para el judaísmo. Incluso cuando reconocen, junto con los eruditos que acabo de mencionar, que el pacto del Señor con los judíos sigue vigente, no logran percibir la importancia de la tierra en ese pacto.

Hace algunos años, en una carta al *Christian Century*, los judíos expresaron su frustración ante la indiferencia cristiana por la tierra. El escritor de la misiva preguntaba a los cristianos cómo se sentirían si un judío les preguntara: «¿Qué hay de la resurrección?». Él explicaba que, para los judíos, el pacto sin tierra es un pacto sin poder. Otro líder judío argumentó que el Señor, en la Biblia hebrea, frecuentemente señala Su deseo de que las naciones del mundo contemplen lo que Él hace por Israel. Ellos sugieren que la reciente restauración de los judíos a su tierra ancestral le demuestra al mundo que el Dios de Israel cumple las promesas que le hizo a Su pueblo.[30]

Después de que Baruch sugiriera amablemente que mi perspectiva del nuevo Israel era algo impuesto en la historia bíblica más que un concepto que en realidad se encontrara en ella, comencé a leer tanto como pude sobre el tema. Este capítulo es parte de lo que encontré. Mi perspectiva representaba lo que la mayoría de los cristianos han pensado sobre Israel la mayor parte de la historia de la Iglesia cristiana. En otras palabras, la perspectiva de la mayoría coincide con la teología de la suplantación, creyendo que la Iglesia ha reemplazado a Israel y que, por esta causa, el pueblo de Israel y su tierra ya no son importantes para Dios.

No obstante, siempre ha existido una perspectiva minoritaria de Israel en la Iglesia. Siempre existieron teólogos y creyentes sencillos que encontraron en sus Biblias un punto de vista diferente al de la mayoría. Ahora nos enfocaremos en esta perspectiva de la minoría, que es en realidad la perspectiva bíblica.

2

¿Enseña el Nuevo Testamento que la Iglesia es el nuevo Israel?

Hace algunos años mi esposa y yo compramos un Mitsubishi Galant. No me apasionan los autos; ni siquiera sabía que existiera algo llamado Mitsubishi. Sin embargo, cuando lo compramos, comencé a verlos en todos lados. No de forma literal, por supuesto. Es que, sencillamente, cuando mis ojos fueron abiertos a este tipo de automóviles, que llegué a disfrutar y a admirar, pude ver algo que antes no percibía: el mundo de los Mitsubishis.

Algo similar me sucedió después de que mi amigo Baruch comenzó a plantar dudas en mi mente sobre la teología de la suplantación o el reemplazo. Tras años de creer que la Iglesia había reemplazado al Israel bíblico, comencé a percatarme de referencias a Israel en el Nuevo Testamento que mis ojos habían pasado por alto anteriormente. En este punto me pregunté si estas menciones de Israel, que ahora parecían mucho más numerosas que antes, podían referirse a la Iglesia. Esa manera de leer «Israel» en el Nuevo Testamento (como simples referencias a la Iglesia), comenzaron a parecerme cada vez menos lógicas en el contexto bíblico.

En este capítulo presentaré evidencia de que cuando los autores del Nuevo Testamento escribieron «Israel» no se referían a «la Iglesia». También mostraré que ellos creían que Dios mantuvo su pacto con este pueblo, incluso con aquellos que no creyeron que Jesús era el Mesías. Además, observaremos que los autores del Nuevo

Testamento predicen un momento en que los judíos regresarán a la tierra y después, en algún momento, la tierra de Israel se convertirá en el centro del mundo venidero. En el capítulo 3 mostraré que desde siempre algunos cristianos han defendido estas creencias, a pesar de no haber sido lo que la mayoría creía.

JESÚS EN EL ISRAEL JUDÍO

Comencemos con los Evangelios y específicamente con las genealogías que son mencionadas al inicio de los dos Evangelios más largos: Mateo y Lucas. El primero comienza con la genealogía que demuestra que Jesús desciende de Abraham, el primer judío, a través de 42 generaciones de judíos. Después Abraham e Isaac mencionan 16 nombres judíos (incluidas mujeres)[31] hasta llegar al rey David. Tras Salomón, el hijo del rey David, se mencionan 14 nombres judíos hasta llegar a José, el esposo de María, «... de la cual nació Jesús, llamado el Cristo» (Mat. 1:2-16).

El Evangelio de Lucas contiene otra genealogía con 57 nombres judíos (3:23-28). Pero antes, otro pasaje de este mismo Evangelio, uno más conocido, también tiene un fuerte acento judío. La oración de María en la que da gracias por ser la elegida para ser la madre del Mesías, conocida como la oración del Magníficat (Luc. 1:46-55), concluye con un enfoque en Israel. Ella proclama que su maternidad, que «esparció a los soberbios en el pensamiento de sus corazones» y «quitó de los tronos a los poderosos», ayudaría específicamente a Israel: Dios ha venido a socorrer a «Israel Su siervo». La encarnación del Señor a través de María es Dios «acordándose de [Su] misericordia» hacia Israel. De manera más específica, la encarnación es el cumplimiento de la promesa que el Señor «habló a nuestros padres», los patriarcas judíos: Abraham, Isaac y Jacob. Entonces María se enfoca en el primero de ellos, Abraham. Ella dice que estas promesas no solo eran para él, sino también para «su descendencia», refiriéndose a los judíos. Más adelante, Pablo explicó que los gentiles serían injertados en el olivo de Israel y serían «adoptados» como hijos e hijas de Israel (Rom. 11:17-24). Pero lo que es sorprendente del Magníficat es su conclusión judía. Si el propósito de la encarnación era quitar el enfoque de las particularidades de Israel y ponerlo solo en el mundo gentil, como enseña la teología de la suplantación, la hermosa oración de María no sería coherente, ya que el enfoque está puesto en Israel.

¿ISRAEL COMO LA IGLESIA?

¿Existe algún indicio en los Evangelios de que los evangelistas creían que la Iglesia era el «el nuevo o el verdadero Israel»? La primera respuesta a esta pregunta es que *en ninguna ocasión* los evangelistas utilizaron alguna de estas expresiones. En segundo lugar, frecuentemente utilizaron la palabra «Israel» y en toda ocasión se refieren a la entidad geopolítica controlada por Roma en los tiempos de Jesús o al pueblo judío, conocido de forma colectiva como Israel.

Observemos primero algunos pasajes en donde los evangelios hacen referencian a la entidad geopolítica de «Israel». Marcos registra que los principales sacerdotes y los escribas exclamaron sobre Jesús: «El Cristo, Rey de *Israel*, descienda ahora de la cruz, para que veamos y creamos…» (Mar. 15:32, énfasis añadido). Después de que Él sanara a un hombre mudo, Mateo señaló que la multitud se maravilló: «… Nunca se ha visto cosa semejante en *Israel*» (Mat. 9:33, énfasis añadido). De acuerdo con Lucas, tras la confesión del centurión sobre su confianza en el poder de Jesús para sanar a su siervo, Jesús mismo señaló: «… Os digo que ni aun en *Israel* he hallado tanta fe» (Luc. 7:9, énfasis añadido). En la narración de Juan sobre el primer encuentro de Natanael con Jesús, Natanael exclama: «Rabí, […] tú eres el Rey de *Israel*» (Juan 1:49, énfasis añadido).

En cada uno de estos pasajes de los cuatro Evangelios, Israel no tiene relación alguna con la Iglesia. Cada referencia es al pueblo judío o a la tierra. Encontramos alusiones similares en Mateo 2:20-21; 10:23; Lucas 4:25 y Juan 12:13.

Lo mismo es cierto cuando los evangelistas aluden específicamente al pueblo judío como colectividad. Lucas señala que el niño Jesús crecía y se fortalecía en espíritu «… hasta el día de su manifestación a *Israel*» (Luc. 1:80, énfasis añadido). Tanto Mateo como Lucas hacen referencia a «los hijos de "Israel"» (Mat. 27:9; Luc. 1:16) y al «Dios de "Israel"» (Mat. 15:31; Luc. 1:68). En Mateo encontramos la «casa de "Israel"» (Mateo 10:6; 15:24) y las «doce tribus de "Israel"» (19:28). El apóstol Juan señala que Juan el Bautista bautizaba para que Jesús «... fuese manifestado a Israel...» (Juan 1:31). De acuerdo con el cuarto Evangelio, Jesús le preguntó a Nicodemo si no era «maestro de "Israel"» (Juan 3:10). Otros pasajes en los que «Israel» se refiere con claridad al pueblo judío incluyen Lucas 2:25,32,34; 22:30; 24:21. En todos ellos, ningún lector podría pensar que «Israel» se refiere a otra cosa que no sea el pueblo judío.

¿LOS EVANGELIOS DESECHAN A ISRAEL?

Si la referencia al pueblo judío es tan clara, ¿cómo concluyeron los intérpretes algo diferente? Algunos han señalado *supuestos* indicios en los Evangelios, como cuando Jesús utilizó la profecía de Isaías para sugerir que los gentiles (no los judíos) esperarían en el nombre de Jesús (Mat. 12:21). Otro ejemplo es la multitud judía en el juicio de Jesús, quien exclamó: «... Su sangre sea sobre nosotros, y sobre nuestros hijos» (Mat. 27:25). Sin embargo, Mateo muestra un enorme respeto por el judaísmo en su Evangelio. Él registra la promesa de Jesús de cumplir cada jota y cada tilde de la Torá «... hasta que todo se haya cumplido» (Mat. 5:18). escribe sobre la acusación que Jesús hizo sobre los fariseos y los escribas (Mat. 23), pero como muchos eruditos han señalado, los ataques de Cristo no se dirigen a todos los judíos, sino solo a los líderes corruptos de Jerusalén.

Esta es la clave para entender la parábola de los labradores (Mat. 21:33-41), que muchos piensan es prueba de la teología del reemplazo. Después de que los labradores perversos mataron al hijo del propietario de la viña, los principales sacerdotes y los ancianos señalaron (con la aparente aprobación de Jesús) que el propietario arrendaría «... su viña a *otros labradores*, que le paguen el fruto a su tiempo» (Mat. 21:41, énfasis añadido). Los defensores de la teología del reemplazo interpretan que «otros labradores» hace referencia a los gentiles en la Iglesia y los labradores originales representan a *todos* los judíos. La viña (el reino de Dios y Sus promesas) sería transferida de los judíos a los gentiles. Pero los Evangelios hacen distinción entre judíos fieles e infieles, tal como los profetas del Antiguo Testamento distinguen entre israelitas fieles e infieles. Por tanto, los dos grupos de siervos enviados por el propietario de la viña también son judíos, probablemente representando a los profetas judíos que fueron martirizados, de acuerdo con la mayoría de los eruditos. Así que la parábola no condena a todos los judíos, tal como los Evangelios tampoco lo hacen. Después de todo, los apóstoles eran judíos y la mayor parte de los integrantes de la iglesia primitiva en Jerusalén también lo eran. No hay necesidad, por tanto, de acuerdo con la lógica interna de la parábola, de pensar que esta enseña es un reemplazo de los judíos por gentiles. Por el contrario, sugiere que la porción corrupta de Jerusalén será reemplazada con el nuevo liderazgo mesiánico que Jesús autorizó solo tres capítulos atrás: «De cierto os digo que todo lo que [ustedes, líderes] atéis en la tierra, será atado en el cielo; y todo lo que desatéis en la tierra, será desatado en el cielo» (Mat. 18:18). Atar y desatar era el poder que los rabinos tenían de establecer reglas que Dios aprobaría. Jesús hizo referencia a este poder de los rabinos fariseos («Porque atan cargas pesadas y difíciles de llevar, y las ponen sobre los hombros de los hombres; pero ellos ni con un dedo quieren moverlas [o desatarlas]» [Mat. 23:4]) y prometió que los líderes de Su nueva comunidad tendrían ese poder. Tal era la transferencia del reino, de los líderes judíos corruptos a los nuevos líderes judíos de la comunidad mesiánica. Por esta razón, viola la lógica del Evangelio de Mateo pensar que este rechaza a Israel o lo reemplaza con la Iglesia.

Quienes han estudiado el Evangelio de Marcos argumentan que el autor enseña el rechazo a Israel porque los discípulos judíos no pueden comprender a Jesús y solo un centurión entiende quién es Él (Mar. 8:33; 15:39). Sin embargo, Marcos también deja claro que estos discípulos judíos están entre los salvos y que la cruz juzga tanto a los gentiles como a los judíos. Este Evangelio nunca desecha a Israel como pueblo.

Algunos de los que han estudiado el Evangelio de Lucas hablan de un rechazo similar hacia Israel, señalando el inicio del ministerio público de Jesús en el capítulo 4, en donde Él contrasta el rechazo de la Nazaret judía con la fe de los gentiles como la viuda de Sarepta (vv. 16-30). Sin embargo, Lucas nos relata la fe de muchos judíos, especialmente en Hechos, en donde señala que varios sacerdotes judíos confiaron en Jesús como su Mesías (Hech. 6:7) y «... millares de judíos hay que han creído...» (Hech. 21:20).[32] En el Evangelio de Lucas solo «algunos» de los fariseos se opusieron a Jesús (Luc. 6:2). Los fariseos lo invitaron a sus hogares a comer (Luc. 11:37; 14:1) y algunos de ellos intentaron protegerlo al advertirle sobre Herodes (Luc. 13:31). Lucas nunca utiliza la palabra «Israel» para referirse a los gentiles o a la Iglesia.

Durante mucho tiempo los eruditos han considerado al Evangelio de Juan como antisemita porque frecuentemente muestra a «los judíos» oponiéndose a Jesús. Un problema con esto es la traducción. La palabra traducida como «judíos» es *Ioudaíos*, que también puede ser traducida como «judeos», es decir, los líderes en Jerusalén, la capital de Judea. Existe una buena razón para pensar que Juan, ¡un judío!, no hacía referencia a los judíos en general cuando señalaba cosas negativas sobre los *Ioudaíos,* sino a los líderes de Jerusalén. (Hacemos algo similar cuando en ocasiones nos referimos a «Washington» como un gobierno opresivo y otras como la población de la ciudad en general). Además, muchos de los creyentes mencionados en el Evangelio de Juan creyeron en Jesús: «Entonces muchos de los *[Ioudaíos]* que habían venido para acompañar a María, y vieron lo que hizo Jesús, creyeron en él» (Juan 11:45). Los judíos de Juan, o judeos, estaban divididos respecto a Jesús: «Volvió a haber disensión entre los *[Ioudaíos]* por estas palabras. Muchos de ellos decían: Demonio tiene, y está fuera de sí; ¿por qué le oís? Decían otros: Estas palabras no son de endemoniado. ¿Puede acaso el demonio abrir los ojos de los ciegos?» (Juan 10:19-21).

Existen más razones para pensar que Juan no estaba en contra de Israel ni era antisemita. Él utiliza la palabra «Israel» de manera positiva en el capítulo 1 cuando señala que Juan el Bautista reveló el Mesías a Israel y que Natanael era un israelita en quien no había engaño (Juan 1:31,47). En Juan 4:22, el evangelista muestra gran respeto por los judíos y su religión: «La salvación viene de los judíos». En otros lugares del Evangelio, su utilización de *Ioudaíos* es neutral: señala que «muchos *Ioudaíos* [vinieron] a Marta y a María, para consolarlas por su hermano» Lázaro (Juan 11:19) y que Jesús le dijo al sumo sacerdote que él enseñaba abiertamente en el templo, «donde se reúnen todos los *Ioudaíos*» (Juan 18:20). Por tanto, la condenación de Jesús hacia *algunos Ioudaíos* (por ejemplo: «Vosotros sois de vuestro padre el diablo» [Juan 8:44]) era solo eso; un ataque selectivo contra ciertos líderes de Jerusalén, aquellos que se oponían a Él y que al final lo llevaron a la muerte. Pero como puedes observar en la evidencia que he mostrado, no podemos concluir que el Evangelio de Juan está en contra de los judíos de manera general o que Israel como colectividad está condenado.

En el capítulo 5 presentaré más evidencia sobre Israel en el Nuevo Testamento, pero esto ha sido suficiente para mostrar que los evangelistas no enseñan que la Iglesia es el nuevo o el verdadero Israel. Para ellos esa es la tierra en donde ellos vivían y el pueblo que lo habitaba.

¿FUE PABLO EL AUTOR DEL NUEVO ISRAEL?

¿Qué hay de Pablo? Típicamente se dice que fue el «apóstol de los gentiles» porque reconoció que los judíos estaban demasiado enfocados en Israel y que Jesús había venido al mundo, no solo a Israel. De hecho, con frecuencia se señala que él enseñó que Dios trasladó el pacto de Israel a la Iglesia. Israel rechazó a su Mesías, así que el Señor terminó Su relación con Israel y le dedicó atención exclusiva a la Iglesia, a quien Pablo trata como el nuevo Israel.

Existe un problema con esta perspectiva: las cartas de Pablo relatan una historia diferente. En Romanos escribe que aunque está afligido por sus hermanos judíos que no aceptaron a Jesús (Rom. 9:2) razón por la cual eran «enemigos» del evangelio, Dios continúa amándolos. «Amados» por causa de la «elección» que es «irrevocable» (Rom. 11:28-29).

La mayoría de los argumentos que aseguran que Pablo estaba echando su judaísmo a un lado, utilizan Gálatas como apoyo. Pero incluso aquí Israel es prominente. Pablo define el evangelio como «... la bendición de Abraham [que alcanza] a los gentiles...» (Gál. 3:14). El evangelio comenzó con el padre de los judíos: «... a Abraham fueron hechas las promesas, y a su simiente...» (Gál. 3:16). Convertirse en cristiano significa ser incluido en la familia de Abraham: «Y si vosotros sois de Cristo, ciertamente linaje de Abraham sois, y herederos según la promesa» (Gál. 3:29). Lejos de enseñar que el evangelio y los gentiles cristianos son separados de Israel, o que la Iglesia es el nuevo Israel, Gálatas enseña una expansión del Israel judío e incluye a los gentiles.

Quienes defienden la teología de la suplantación utilizan otra parte de Gálatas para argumentar que la Iglesia es el nuevo Israel. Al final de la carta, Pablo escribe: «Porque en Cristo Jesús ni la circuncisión vale nada, ni la incircuncisión, sino una nueva creación. Y a todos los que anden conforme a esta regla, paz y misericordia sea a ellos, *y* al Israel de Dios» (6:15-16, énfasis añadido).

Una lectura directa de este texto podría sugerir que «Israel» se refiere a los judíos, debido a que el apóstol hace una diferencia entre aquellos que *sí* andan conforme a esta «regla» de la «nueva creación» (en donde la «circuncisión» no es lo más importante) y aquellos que *no* andan conforme a dicha regla. Él desea paz y misericordia a quienes se rigen por ella, pero después añade que les desea las mismas cosas a otro grupo que pareciera no regirse por la misma: «al Israel de Dios». ¿Quiénes son los que no creen que Jesús no produzca una nueva creación? Los judíos que lo rechazan como su Mesías, la mayoría del Israel en tiempos de Pablo. Sin embargo, aún los llama «de Dios». Aún son importantes para Él.

Esa es una interpretación de este texto, sin un trasfondo del judaísmo de Pablo. Pero considera esto: la bendición al final («paz y misericordia sea a ellos, y al Israel de Dios») es tal vez, quizás la versión corta (como los rabinos frecuentemente utilizaban versiones cortas de textos bíblicos) de la última bendición de Amida, la oración recitada tres veces al día por los judíos: «Concede paz, bondad, bendición, gracia, amabilidad y misericordia sobre nosotros y sobre todo Israel, tu pueblo».

Expliqué en el último capítulo que, para Pablo, Israel significaba el Israel judío con los gentiles como miembros agregados. En la época del apóstol, miles de gentiles asistían a las sinagogas sin convertirse al judaísmo. No se circuncidaban ni seguían las leyes alimenticias, pero escuchaban la enseñanza de Moisés cada sábado por la mañana y participaban en la adoración judía. Los rabinos los consideraban «gentiles justos» en tanto guardaran los siete preceptos de las naciones, algo parecido a los Diez Mandamientos.[33] Estos son los «gentiles o varones temerosos» de Dios que Lucas menciona en Hechos (13:16,26; 17:4,17; 18:7, LBLA). Los rabinos les prometían una parte en el mundo venidero, incluso si no se convertían al judaísmo, mientras creyeran en el Dios de Israel y guardaran Sus mandamientos más básicos. Mi punto aquí es que se les consideraba parte de Israel aunque no eran judíos *per se*. Eran miembros de la mancomunidad de Israel que Pablo describe en Efesios 2. Esto es a lo que él probablemente hacía referencia en Gálatas 6:16 (Israel como el pueblo judío con gentiles como miembros agregados, aquellos gentiles que adoraban al Dios de Israel). Allí, Pablo escribió contra quienes insistían en que no era suficiente que los gentiles creyeran en Jesús para ser salvos (también tenían que convertirse en judíos mediante la circuncisión). Pablo no aceptaba eso. Les señaló que es suficiente creer en Jesús como el Mesías prometido. Los rabinos tenían razón: no necesitas convertirte en judío para formar parte del mundo venidero, en tanto estés asociado a Israel. Pero ellos estaban equivocados cuando negaban que el Mesías hubiera venido. La nueva manera en que los gentiles se convertían en parte de Israel, sin convertirse al judaísmo, era al confiar en el Mesías judío que vino por Israel y los gentiles.

RAMAS NATURALES Y OLIVOS SILVESTRES

Pablo explica esto con más detalle en Romanos, escrito después de Gálatas y luego de meditar más en el asunto. En Romanos 11 señala que Israel es un olivo, forma en la que también el Antiguo Testamento se refiere frecuentemente a Israel. Pablo escribe que los judíos creyentes son «ramas naturales» del olivo y que los creyentes gentiles son «olivos silvestre» que son injertados (vv. 17-24). El apóstol advierte a los gentiles a no jactarse «contra las ramas» al pensar que «la raíz y la rica savia del olivo» no los sustenta (vv. 17-18). En otras palabras: los creyentes gentiles no se sostienen a sí mismos. Son salvados solo por ser parte de Israel. (Pablo no estaba inventando algo. Jesús mismo proclamó que «... la salvación viene de los judíos» [Juan 4:22]).

Pablo añade que si las ramas gentiles se «jactan» y olvidan que la raíz judía los sustenta, ellos también serían cortados (Rom. 11:18,22). Israel aún es un árbol judío con raíces judías. La creencia de que la Iglesia ha reemplazado a Israel es precisamente la ilusión contra la que Pablo advierte:

«No te jactes contra las ramas; y si te jactas, sabe que no sustentas tú [gentiles] a la raíz [Israel judío], sino la raíz a ti. Pues [algunas ramas judías], dirás, fueron desgajadas para que yo fuese injertado. Bien; por su incredulidad fueron desgajadas [...]. No te ensoberbezcas [...]. Porque si Dios no perdonó a las ramas naturales, a ti tampoco te perdonará [si no crees]. [...] pues poderoso es Dios para volverlos a injertar [a la mayoría de los judíos]. Porque si tú [gentil] fuiste cortado del que por naturaleza es olivo silvestre, y contra naturaleza fuiste injertado en el buen olivo, ¿cuánto más éstos [judíos no mesiánicos], que son las ramas naturales, serán injertados en su propio olivo?» (Rom 11:18-24).

Para Pablo, la Iglesia creyente nunca estaría separada de su raíz, el Israel judío. Si la Iglesia piensa que puede estar separada y reemplazar al Israel judío, entonces se ha jactado y es soberbia.

La lectura de Romanos 9–11 no solo me proporcionó claridad sobre Gálatas, sino que también me convenció de que Pablo no creía en la suplantación. Por su mente no pasaba que la Iglesia podía reemplazar a Israel.

¿Qué hay de las otras afirmaciones de la teología de la suplantación (que la tierra de Israel ya no es importante)? ¿Es cierto que Jesús, Pablo y otros escritores del Nuevo Testamento, pensaron que la única tierra significativa después de la resurrección era todo el mundo? ¿La tierra de Israel no tendrá un papel especial en el nuevo reino de Dios?

UN FUTURO PARA LA TIERRA DE ISRAEL

Muchos cristianos piensan que los autores del Nuevo Testamento no se enfocan en la pequeña tierra de Israel, sino en todo el mundo. Como prueba citan la bienaventuranza de Jesús en Mateo 5:5: «Bienaventurados los mansos, porque ellos recibirán la tierra [el mundo] por heredad». Sin embargo, cada vez más eruditos reconocen que una mejor traducción de este versículo sería: «Bienaventurados los mansos, porque ellos recibirán la tierra prometida». Sin dudas, Mateo tradujo al griego el Salmo 37:11, en donde se reconoce universalmente que el hebreo *érets* hace referencia a la tierra de Israel. De hecho, cuatro versículos más en dicho Salmo repiten la frase «heredarán la tierra», con clara referencia a la tierra de Israel. Lo que implicaba es que los discípulos de Jesús podrían disfrutar de ella en la era que se describe más adelante en este mismo Evangelio como la *palingenesía* o «la regeneración» (Mat. 19:28).

Antes de que Jesús ascendiera, Sus discípulos le preguntaron: «… ¿restaurarás el reino a Israel en este tiempo?» (Hech. 1:6). Jesús no les reprendió por pensar que Dios establecería un futuro Israel; en su lugar señaló que aún no era momento de revelar cuándo sucedería la restauración.

De la misma forma en que Pablo predijo que algún día «todo Israel será salvo», también indicó que «el Libertador» de Israel «vendrá de Sion» y apartaría la «impiedad» de Jacob (Rom. 11:26). Nuevamente, para Pablo, la tierra de Israel tenía un futuro con un destino especial para los judíos.

No obstante, también contemplaba un futuro especial para la tierra de Israel. En su segundo discurso en Jerusalén, después del milagro de Pentecostés, Pedro habló de una futura *apokatástasis* o restauración que vendría (Hech. 3:21). Esta era la palabra griega utilizada en la Septuaginta (la traducción griega del Antiguo Testamento que la iglesia primitiva utilizaba) para el futuro regreso de los judíos a la tierra de Israel a fin de establecer la nación judía.[34] El Libro de Apocalipsis también muestra que Israel, como una tierra en particular, tiene lugar en el plan de Dios para el futuro. Se nos dice que el Cordero no se paró en la tierra en general, sino en el «monte de Sion» (Apoc. 14:1). La nueva tierra que vendrá tendrá a Jerusalén como su centro y esa nueva Jerusalén tendrá doce puertas inscritas con los nombres de «las doce tribus de los hijos de Israel» (21:2,12). En algún punto las naciones hollarán la «ciudad santa» de Jerusalén por 42 meses. El autor deja claro que esta ciudad santa es «donde también nuestro Señor fue crucificado» (11:2,8).

Los cristianos tienen razón al señalar que la Biblia habla de que todo el mundo será renovado. Pero no todos los cristianos han observado que el centro de la tierra renovada será Israel. En el capítulo 5, presentaré más evidencia de que el Nuevo Testamento enseña la continua importancia del pueblo de Israel y su tierra. Mientras tanto, consideremos a otros cristianos de los últimos dos milenios que han tenido perspectivas similares.

3

Quienes lo comprendieron bien

Una historia del sionismo cristiano a partir del siglo II

La vida está llena de sorpresas. También lo está la historia del sionismo cristiano. Recordarás del capítulo 1 que Justino Mártir (cerca de 100-165) fue el primer líder cristiano que llamó a la Iglesia el «verdadero Israel». Así comenzó una mala costumbre.

Sin embargo, al mismo tiempo, Justino estableció algo correcto: contemplaba un futuro para la tierra de Israel. Así que, aunque se desvió del Nuevo Testamento al pensar que Dios transfirió el pacto de Israel a la Iglesia, veía un futuro para la tierra de Israel en el mundo renovado. Él esperaba que el milenio (el reino de Cristo en la tierra mostrado en Apocalipsis 20:1-6) estaría centrado en Jerusalén. En otras palabras: el futuro de la Iglesia incluía esa ciudad judía en la tierra de Israel.

«Pero yo y otros cristianos prudentes estamos convencidos de que habrá resurrección de los muertos y *mil años en Jerusalén, que será construida, adornada y engrandecida*, como los profetas Ezequiel, Isaías y otros declaran [...] [como] Juan, uno de los apóstoles de Cristo, quien profetizó mediante una revelación que recibió, que aquellos *que creen en nuestro Cristo morarán mil años en Jerusalén*».[35]

Esta es una de las muchas sorpresas que encontré cuando observé con mayor interés y empeño la historia del pensamiento cristiano sobre

Israel. Mi amigo Baruch había tocado algunos puntos débiles en mi teología de la suplantación. Al leer de nuevo la Biblia con esos puntos en mente, la suplantación tenía cada vez menos sentido. Más adelante, mientras trabajaba en otro proyecto, comencé a remover los escombros de la historia cristiana. Lo que encontré debajo de ellos es lo que leerás en este capítulo. Posiblemente te sorprendas como yo lo hice.

ESPERANZA DE UN FUTURO ISRAEL EN LOS PADRES DE LA IGLESIA Y LA EDAD MEDIA

Ireneo fue otro padre de la Iglesia que pensó que Israel y Jerusalén serían prominentes en la nueva tierra, después del regreso de Jesús. Dios renovaría toda la tierra, pero Israel y Jerusalén estarían en el centro de esta nueva tierra. Como Justino, él creía que «la Iglesia es la [verdadera] simiente de Abraham» y que aquellos que regresarán desde todas las naciones serían los cristianos y no los judíos.[36] Sin embargo, él también pensaba que Jerusalén sería una ciudad separada en el fin de los días. Sería «reconstruida bajo el patrón de la Jerusalén celestial», pero no en un sentido alegórico o simbólico. Aquellos que «alegorizan [las profecías] de este tipo […] no son consistentes consigo mismos» porque la nueva tierra «no puede comprenderse en referencia a asuntos supercelestiales».[37] Es decir, las profecías sobre el nuevo cielo y la nueva tierra no deben interpretarse como una alusión simbólica de la Iglesia espiritual. Hablan de una tierra real con un centro real en Jerusalén, tan cierto y material como serán nuestros nuevos cuerpos. Si vamos a tener cuerpos y no solo almas después de la resurrección, así la nueva tierra tendrá realidad material y su centro estará en una tierra de Israel renovada.

Tertuliano (160-225) fue otro padre de la Iglesia que contempló un futuro para la tierra y el pueblo de Israel. Incluso cuando pensaba que Dios los había castigado al remover a la mayoría de los judíos de la tierra después del año 135 d.C., creía que la Biblia predecía un regreso masivo a la tierra. Un día, escribió, habrá una «restauración de Israel» y los cristianos gentiles, como él, estarían relacionados a esa expectativa de Israel.[38]

Después de que el gran Agustín (354-430) decidiera que el milenio era simplemente el gobierno de Cristo a través de la Iglesia católica, las esperanzas para la restauración de Israel quedaron estancadas por siglos. Sin embargo, en la Edad Media existió una minoría que pensaba diferente. En el siglo XII, Joaquín de Fiore señaló que la Biblia predice una conversión multitudinaria de judíos en «la época del Espíritu». Así que, el pacto de Dios con Israel no estaba muerto, sino que continuaba. La casi contemporánea de Joaquín, Hidegarda de Bingen, predijo algo similar para el pueblo judío.[39]

NUEVO ÉNFASIS EN ISRAEL EN LA BRETAÑA DEL SIGLO XVI

La Reforma, en el siglo XVI, renovó la esperanza de la futura restauración de Israel. Lutero y Calvino animaron a las personas a leer más la Biblia y a prestar más atención al sentido literal de la Escritura, en lugar de a significados simbólicos o alegóricos. Para muchos lectores de la Palabra fue claro que Israel es el principal asunto del Antiguo Testamento (además del Dios de Israel, por supuesto), que es tres cuartas partes de toda la Biblia cristiana, y que los profetas del Antiguo Testamento predijeron el regreso de los judíos desde todo el mundo a la tierra prometida. También fue claro para muchos lectores que el Nuevo Testamento predice un futuro especial para los judíos y su tierra. Esto influyó en la aparición de tres libros en la Inglaterra del siglo XVI que cambiaron la manera de pensar de los británicos. El primero fue *The Image of Both Churches* [La imagen de las dos iglesias] (1570) de John Bale, que incluía lo que en ese entonces era innovador: la esperanza para la conversión nacional de los judíos al protestantismo y un lugar especial para ellos en el trono del Cordero al final de la historia.[40]

El segundo libro del siglo XVI que comenzó a cambiar las mentes de los cristianos ingleses fue la Biblia de Ginebra. Para muchas generaciones esto fue más importante que la Biblia King James, especialmente entre los puritanos. Sus notas predecían que cuando Israel como colectividad creyera en Jesús como su Mesías, todo el mundo sería restaurado. Los historiadores piensan que esta idea de un regreso espiritual preparó a los ingleses para la idea de un regreso literal de los judíos a su tierra.[41]

El *Libro de los mártires*, de John Fox, fue el tercer libro que puso a pensar a los británicos sobre el futuro de los judíos y su tierra. Aunque Fox criticaba a la religión judía, insistía en que el pacto de Dios con Israel permanecía vigente y que un día el «tiempo de los gentiles» terminaría y llegaría una época especial para los judíos.[42]

LOS PURITANOS DEL SIGLO XVII PREDIJERON LA RESTAURACIÓN DE ISRAEL

Los puritanos del siglo XVII fueron más allá y argumentaron que los judíos regresarían a la tierra aún sin convertirse. Thomas Draxe (m. 1618) escribió que Israel continuaba siendo la nación escogida por Dios, que los cristianos estaban en deuda con ellos y que su regreso a la tierra ocasionaría que los turcos intentaran exterminarlos.[43] Thomas Brightman declaró: «No hay nada más seguro que el regreso de los judíos a su tierra».[44] Henry Finch (cerca de 1558-1625), un miembro del parlamento, argumentó que todas las referencias de Israel en el Antiguo Testamento son sobre los judíos y no sobre los cristianos (no al «Israel espiritual», ni a la Iglesia gentil y ni siquiera a «judíos y gentiles juntos»). Él predijo que un día la tierra de Israel sería más fértil y estaría más poblada que nunca antes.[45] Incluso, el gran poeta puritano, John Milton, estaba convencido. En *Paradise Regained* [Paraíso reconquistado], escribió que «recordando a Abraham», el Señor «los llevaría de regreso [...] con gozo a su tierra».[46]

Los puritanos que vinieron al nuevo mundo trajeron esta esperanza para el futuro de Israel. En su comentario sobre Cantares, John Cotton predijo que los gentiles ayudarían a los judíos a regresar a su tierra con «carruajes, caballos y dromedarios [camellos]».[47]

Increse Mather publicó *The Mystery of Israel's Salvation* [El misterio de la salvación de Israel] en 1669, donde argumentaba que los judíos poseerían nuevamente la tierra antes de convertirse a Cristo.

Añadió que es incorrecto espiritualizar las promesas del Antiguo Testamento hacia los judíos al suponer que están destinadas para los cristianos gentiles.[48]

SIONISMO DEL SIGLO XVIII EN EUROPA Y AMÉRICA

Los herederos de la tradición puritana del siglo XVIII continuaron con este enfoque sobre el futuro de Israel. El teólogo holandés reformado Wilhemus à Brakel (1635-1711) señaló a sus lectores que no deberían asumir que la Iglesia es el nuevo Israel, sino que debían percatarse de que los judíos «serían reunidos nuevamente desde todas las regiones del mundo [...] y vendrían a morar a Canaán [...] y Jerusalén sería reconstruida».[49]

Jonathan Edwards (1703-58), teólogo estadounidense, repitió las advertencias de sus predecesores sobre no espiritualizar las promesas hechas a los judíos en la Biblia. Él también predijo un regreso de los judíos a su tierra ancestral. ¿Cómo sabía eso? La Biblia, argumentaba, predecía un regreso multitudinario de judíos exiliados en la diáspora (dispersión), pero la mayoría de los judíos aún vivía así. Además, escribió, la Biblia sugería que Dios haría de ellos un «monumento visible de su gracia» y eso aún no sucedía. La profecía bíblica dejaba claro que Canaán sería nuevamente el centro espiritual del mundo y que Israel sería una nación distinguida.[50]

Es difícil creer ahora, pero la esperanza de un Israel futuro era común incluso en la Universidad de Cambridge a finales del siglo XVIII. En la década de 1790, la universidad patrocinó un concurso de ensayos sobre «bases contenidas en la Escritura para esperar una futura restauración de los judíos».[51]

Mencioné en la introducción que el sionismo cristiano es frecuentemente descartado como un reciente invento de quienes creen en la dispensación premilenial. Esta es la perspectiva de que Jesús vendrá antes de Su reino milenial en la tierra y después del rapto de la Iglesia. La necedad de esta «historia» del sionismo cristiano es demostrada por estos reformadores sionistas de los siglos XVI al XVIII. Ninguno de ellos era dispensacionalista, todos creían en un milenio literal, pero no en el rapto y todos eran postmilenialistas, lo cual sustenta su creencia en que Cristo regresaría después del milenio. En otras palabras: el sionismo cristiano comenzó mucho antes (de hecho, 1800 años antes) que el surgimiento del dispensacionalismo en el siglo xix.[52]

SIONISMO CRISTIANO POSTMILENIALISTA EN EL SIGLO XIX

Otro postmilenialista fue Lord Ashley, el séptimo conde de Shaftesbury (1801-85). No solo fue el líder sionista cristiano del siglo xix, sino también una pieza crucial para el surgimiento del estado de Israel en el siglo xx. El apoyo que este político le brindó a la patria judía fue lo que estableció las bases para la Declaración Balfour (1917), una carta publicada por el secretario británico de relaciones exteriores donde declaraba que Inglaterra buscaría «el establecimiento en Palestina de un hogar nacional para el pueblo judío» y que haría uso «de sus mejores esfuerzos para facilitar la realización de este objetivo».[53] La carta contribuyó significativamente a que la Sociedad de las Naciones asignara a Inglaterra en 1922 el control sobre las regiones que ahora son Jordania e Israel, lo que ayudó al plan de las Naciones Unidas para la partición de Palestina en 1947 y el establecimiento del estado de Israel en 1948.

Shaftesbury se avergonzaba de la historia de Inglaterra, ya que fue el primer país occidental que desterró a los judíos (1290) de su tierra. Esperaba que Inglaterra fuera la primera nación gentil que detuviera el patrón de «hollar a Jerusalén». Con esto se refería a la profecía de Jesús: «… Jerusalén será hollada por los gentiles, hasta que los tiempos de los gentiles se cumplan» (Luc. 21:24).[54]

Shaftesbury notó que desde que Inglaterra comenzó a dar refugio a los judíos (bajo el gobierno de Cromwell y Carlos I), el país prosperó. Lo mismo ocurrió con Holanda, quien también dio la bienvenida a los judíos y se hizo poderosa. España, que había sido un país fuerte, decayó después de expulsarlos en 1492. En su diario, Shaftesbury, ponderaba la importancia de la profecía bíblica en Génesis 12:3, en donde se establece que el Señor bendeciría a los que bendijeran a Israel y maldeciría a quien lo deshonrara.[55]

SIONISMO CRISTIANO EN EL SIGLO XX

Un gran número de intelectuales y líderes cristianos del siglo XX han sido sionistas cristianos. Lev Gillet (1893-1980), por ejemplo, fue un teólogo ruso ortodoxo de Francia quien señaló que los cristianos deben percatarse de que Israel tiene derecho a la buena voluntad de todos los cristianos porque los judíos son el «hijo mayor» de Dios. Debido a que el Nuevo Testamento enseña que Israel es el olivo en donde los gentiles son injertados (Rom. 11:15-24), los gentiles cristianos debemos preocuparnos por los problemas terrenales de Israel. Debemos apropiarnos de ellos. El sionismo es un asunto que ninguno de nosotros debería ignorar.[56]

Aún más allá, Gillet escribió que Israel ha sido llamado a «los sufrimientos del siervo» en Isaías y de alguna forma revela el poder de Dios a través de esos padecimientos. Debido a ese llamado existe algo venerable en la tierra de Israel. No es solo el «santuario de la vida, la muerte y la resurrección de Jesús», sino también «la tierra de la Presencia, el lugar de encuentro entre Yahvéh e Israel, y la Shekináh [palabra hebrea para "Presencia"] aún puede sentirse ahí». Por tanto, el verdadero significado de la tierra es espiritual, no político, y nosotros los cristianos debemos buscar «la futura gloria de un Sion espiritual». Gillet creía que el establecimiento del estado de Israel en 1948 fue el comienzo de la restauración del Israel espiritual.[57]

La madre Basilea Schlink (1904-2001), la fundadora de la *Hermandad evangélica de María* en Darmstadt, Alemania, culpó a los cristianos del estereotipo negativo de los judíos: «Nosotros forzamos a los judíos a convertirse en usureros y distribuidores de chatarra y los encerramos en guetos que parecían tumbas […]. Nosotros, los "cristianos", despojamos a los judíos de sus derechos». Como Gillet, ella creía que los judíos personificaban los sufrimientos del siervo mencionado en Isaías 53. Les dijo a sus hermanas y lectores que la supervivencia de los judíos a través de la historia, a pesar de los intentos de múltiples civilizaciones para destruirlos, era un milagro del Señor. El estado de Israel, señaló, demuestra que Dios cumple Sus promesas.[58]

Karl Barth (1886-1968), quizás el teólogo más influyente del siglo xx, era un sionista cristiano.[59] Firmemente rechazó el dispensacionalismo, pero no el principio de la soberanía del Señor sobre la historia del mundo. Escribió que el establecimiento del estado de Israel en 1948 era una «parábola secular», un símbolo de la resurrección y del reino de Dios. De acuerdo con Barth, el regreso en grandes cantidades de los judíos a su tierra en el siglo anterior era el cumplimiento de las profecías bíblicas. Los profetas hebreos, escribió, previeron una historia de Dios con el pueblo hebreo que continúa hasta hoy. Barth estaba de acuerdo con aquellos que contemplaban los huesos secos volviendo a la vida (Ezeq. 37) como una profecía de la restauración de Israel a su tierra. Advirtió que cualquier nación que se opusiera a Israel no prosperaría a largo plazo.[60]

CONCLUSIÓN

Permíteme resumir este capítulo. Existe cierto consenso entre los eruditos y los cristianos laicos con respecto a que el sionismo cristiano es una idea nueva que inventaron los dispensacionalistas porque se aferran a especulaciones sobre el fin de los tiempos. En este capítulo he intentado mostrar que la mayoría del sionismo cristiano es (1) mucho más antiguo y (2) que tiene poca o ninguna relación con el dispensacionalismo premilenial.

Es momento, entonces, de cambiar nuestra perspectiva sobre lo que el sionismo cristiano es y de dónde proviene. También es momento de observar la Biblia con más cuidado.

En los capítulos 1 y 2 observamos lo que la Biblia *no dice* (que la iglesia ha reemplazado a Israel o que la Iglesia es el nuevo Israel). No enseña que el pueblo de Israel ya no es importante para Dios y no señala que la tierra de Israel ya no es relevante.

Ahora, en el capítulo 4, observaremos el Antiguo Testamento y lo que *sí* dice sobre Israel. En particular, examinaremos lo que significa el «pacto» del Señor con los judíos y qué relación tiene con la tierra de Israel.

4

Análisis del Antiguo Testamento

Salvación para el mundo a través de Israel

Como a muchos cristianos, el Antiguo Testamento me confundía. Una de las cosas que no lograba comprender era la cantidad de reglas alimenticias en el Pentateuco. Parecían irrelevantes a mi vida cristiana. Por ejemplo, se nos prohíbe mezclar leche con carne debido al mandamiento de no guisar al cabrito en la leche de su madre (Ex. 23:19; Deut. 14:21). ¿Por qué no? Los judíos han debatido esto durante milenios. Algunos señalan que es un símbolo de compasión por los animales y que es mucho mejor para las personas desde el punto de vista nutricional. Otros sugieren que era algo que los paganos idólatras hacían y esta era una forma en que los hebreos mostraban que eran diferentes de los que adoraban a otros dioses.

Aunque estas razones no explicaban todas las peculiaridades. Por ejemplo, ¿qué hay de malo en comer animales impuros como el bagre? Con el tiempo llegué a convencerme de que las razones no importan, lo que importa es lo que Él ordenó hacer, y que los judíos deben mostrar su amor por el Dios que los ama por medio de la obediencia a este mandamiento.

Pero yo era un cristiano gentil y no un judío. Así que, aunque esto tuviera un valor espiritual para ellos, parecía inútil para mí.

Además, me impresionó que en el Evangelio de Marcos se declararan «limpios todos los alimentos» (Mar. 7:19). Parecía que Jesús estaba renovando las leyes kosher, y las declaraba nulas incluso para sus seguidores judíos. Concluí que esto era una señal de que rompía con el judaísmo de su época, que estaba iniciando una nueva religión opuesta en principios y en preceptos al judaísmo en el que fue criado. Sin embargo, luego leí al erudito judío Daniel Boyarin. Él explica que Jesús realmente estaba defendiendo la Torá (y, por tanto, las reglas kosher del Pentateuco) cuando declaró «limpios todos los alimentos». Boyarin argumenta que la Torá (el Pentateuco) señala que nada de lo que entra al cuerpo puede hacer a una persona limpia o impura. Según él, «la interpretación que Jesús no desecha las leyes de la Torá, sino que devela su significado más profundo». Jesús estaba defendiendo la Torá de las innovaciones farisaicas que Él y otros judíos galileos consideraban radicales, como el lavado ceremonial de las manos antes de comer y la sugerencia de que los alimentos por sí mismos podían convertir a una persona en impura.[61]

Así que Jesús no se opuso a las leyes kosher. Mostraré en el siguiente capítulo que Él no inició una nueva religión en oposición al judaísmo en el que fue criado. En su lugar, estaba exponiendo su verdadero significado. Mi punto al utilizar el asunto de las leyes kosher es mostrar que el Antiguo Testamento está lleno de obstáculos para los cristianos, pero que la mayoría de ellos se basan en malentendidos.

Quizás un obstáculo aún mayor que las reglas kosher es la restricción de la mayor parte del Antiguo Testamento a la historia de Israel, lo que puede sugerir que a Dios no le interesa el resto de las personas. Pero el hecho es que Él eligió a Israel y trató con ellos precisamente con el propósito de alcanzar a todo el mundo. Para comprender esto, es necesario explorar el concepto que está en el centro de toda la historia bíblica: el pacto.

UNA PAREJA DE ANCIANOS EN LO QUE HOY ES IRAK

El tema central de la Biblia es el pacto. No todos los cristianos creen esto, pero todos los que estudian la Escritura estarán de acuerdo en que su historia central comienza cuando Dios eligió a una pareja de ancianos en lo que hoy es Irak y les declaró que Él usaría a su descendencia para bendecir al resto del mundo. Jesús y Sus seguidores aseguraban ser hijos de esa pareja y receptores de esa bendición. A pesar de los múltiples fracasos dentro de esta descendencia (excepto Jesús), el Dios de la Biblia insistió en que la promesa seguía vigente. Él sería fiel a lo que había dicho sin importar lo que Su pueblo hiciera. Y continuó su obra en ellos, utilizándolos como su patrón para redimir al mundo, incluso cuando quebrantaban los términos del acuerdo que hicieron con Dios.

La palabra bíblica para este acuerdo es «pacto». De parte del Señor era una promesa unilateral de bendición. Vino a Abraham y a Sara y les dijo que sería su Dios y que ellos y sus descendientes serían Su pueblo. Existían otros pactos con Moisés y David, pero estos dependían del pacto básico hecho con Abraham y Sara. Jesús habla de la «sangre del pacto» (Mat. 26:28; Mar. 14:24) y Pablo sugiere que los «pactos de la promesa» se remonta a aquel que Dios «concedió a Abraham mediante la promesa» (Ef. 2:12; Gál. 3:17-18).

Algunos de los otros pactos eran condicionados, mientras que el pacto básico con Abraham era incondicional. Así que, por ejemplo, el pacto mosaico que Dios estableció con el pueblo judío prometía bendiciones a cambio de obediencia a Sus mandamientos y castigos a cambio de desobediencia (Deut. 28). Una de las bendiciones, como observaremos, era el control de la tierra. Uno de los castigos era exiliarlos de ella.

ALCANZAR LO UNIVERSAL A TRAVÉS DE LO PARTICULAR

Debo regresar a mi relato. Por mucho tiempo me pregunté por qué Dios pasó tanto tiempo en la historia de Israel en el Antiguo Testamento y por qué esta consumía tres cuartas partes de la Biblia cristiana. ¿Qué hay del resto del mundo? El Nuevo Testamento contiene una misión a las naciones en la Gran Comisión (Mat. 28:18-20). Pero ¿existía algo como esto en el Antiguo Testamento, además de los primeros once capítulos de Génesis que describen la creación y las primeras civilizaciones? ¿Por qué se le dedicaba tanto espacio a la historia de Abraham y su familia cuando ellos eran solo una pequeña parte del resto del mundo?

Un momento crucial fue el día en que comencé a observar un patrón en la historia bíblica de ambos Testamentos. El patrón se mueve de lo particular a lo universal. El Señor utiliza lo particular (a una persona o a un pueblo) para traer bendición a lo universal (al mundo). En el Antiguo Testamento, Él usa a un hombre en particular (Abraham) y a Su pueblo (los judíos) para bendecir a sus vecinos y al mundo (lo universal). El patrón es el mismo en el Nuevo Testamento. Dios utiliza a un hombre en particular (Jesús) y a Su pueblo (el cuerpo de Jesús, la Iglesia) para bendecir al mundo.

Continué haciendo tales descubrimientos al observar detalladamente este patrón en el Antiguo Testamento. Comienza en Génesis 12, en donde Dios llama a Abraham y lo manda a dirigirse «a la tierra que te mostraré». Ahí, Dios le promete que hará de él «una nación grande» y adiciona «serán benditas en ti "todas las familias de la tierra"» (vv. 1-3).[62]

Esta promesa se repite cuatro veces más en Génesis. Justo antes de la destrucción de Sodoma y Gomorra, Dios declaró: «Puesto que ciertamente Abraham llegará a ser una nación grande y poderosa, y en él serán benditas "todas las naciones de la tierra"» (18:18, LBLA). Después de que Abraham mostró que estaba dispuesto a sacrificar a su amado hijo Isaac, el ángel del Señor le dijo: «En tu simiente serán benditas todas las naciones de la tierra, por cuanto obedeciste a mi voz» (22:18). Años después hubo hambruna y el hijo de Abraham, Isaac, se refugia con un rey filisteo. Dios promete darle a Isaac «… todas estas tierras; y "todas las naciones de la tierra" serán benditas en tu simiente» (26:4). Cuando Jacob, el hijo de Isaac, soñó con una escalera que llegaba hasta el cielo, El Señor le dijo: «… te extenderás al occidente, al oriente, al norte y al sur; y "todas las familias de la tierra" serán benditas en ti y en tu simiente» (28:14).

A través de la Biblia hebrea existe una correlación entre lo particular y lo universal, pero el mismo patrón se repite: la misión del Señor es redimir al mundo (lo universal) a través de Israel (lo particular). No es un asunto de lo particular o lo universal, sino de lo universal a través de lo particular. Por ejemplo, Moisés le dijo a Faraón que Dios enviaba las plagas «para que mi nombre sea anunciado "en toda la tierra"» (Ex. 9:16). El Señor le dijo a Moisés que establecería a Israel como un pueblo santo porque entonces «... verán "todos los pueblos de la tierra" que el nombre de Jehová es invocado sobre ti...» (Deut. 28:10). Josué le señaló a Israel que el Señor secó las aguas del Jordán «para que "... todos los pueblos de la tierra" conozcan que la mano de Jehová es poderosa...» (Jos. 4:24). David le dice a Goliat que lo matará para que «... "toda la tierra" [sepa] que hay Dios en Israel» (1 Sam. 17:46). Salomón oró a fin de que el Señor escuchara las oraciones de los extranjeros «... para que "todos los pueblos de la tierra" conozcan tu nombre y te teman...» (1 Rey. 8:43). El salmista expresó sus anhelos: «Se acordarán, y se volverán a Jehová "todos los confines de la tierra"...» (Sal. 22:27); «... que sea conocido en la tierra tu camino, "en todas las naciones" tu salvación» (67:2); «... benditas serán en él [el Rey de Israel] "todas las naciones"...» (72:17).[63] Isaías predijo un día en el que los enemigos de Israel, Egipto y Asiria (representando a todas las naciones), compartirán las bendiciones de Israel (Isa. 19:24-25). Jeremías anticipó un tiempo cuando «las naciones» escucharán todo lo bueno que el Señor hace a favor de Jerusalén y «temerán y temblarán» (Jer. 33:9). En Isaías, Dios le indica al siervo del Señor: «Poco es para mí que tú seas mi siervo para levantar las tribus de Jacob, y para que restaures el remanente de Israel; también te di por luz "de las naciones", para que seas mi salvación hasta lo postrero de la tierra» (Isa. 49:6).

¿Observas el patrón? El propósito del pacto con Abraham y su descendencia era bendecirlos para que bendijeran al mundo. El Señor hizo grandes cosas por Israel para educar a las naciones. Israel conoció a Dios para que las naciones pudieran conocer al Dios de Israel. Por tanto, el pacto de la elección no era simplemente soteriológico (para bendecir y salvar a Israel), sino también misionero (para traer bendición a las naciones).[64]

Este fue el patrón que observé. Respondió a mi pregunta sobre por qué la historia de un pequeño pueblo abarca la mayor parte de la Biblia. Todo se relaciona con la manera en que Dios salva al mundo (levantando un pequeño clan que sería luz a las naciones). Aprendí del Nuevo Testamento que esta era la historia de Jesús y la Iglesia:

Jesús llamó a Su propia Iglesia una «manada pequeña» (Luc. 12:32). Comenzaba a entenderlo: el Nuevo Testamento continuaba la historia que había comenzado mucho tiempo atrás.

EL PACTO Y LA TIERRA

Así que el Señor estaba levantando a Israel como una luz y posteriormente el israelita perfecto, Jesús, sería el prisma a través del que la luz sería llevada por la Iglesia al mundo.

Pero después comencé a ver algo para lo que nunca fui entrenado. Se trataba de la centralidad de la tierra en el pacto. Para mí, y para la mayoría de los cristianos, la tierra era algo aparte, una particularidad no esencial. Pensaba que tal vez era solo otra pieza de la cultura del Antiguo Testamento, como las leyes alimenticias, irrelevante para los cristianos.

Sin embargo, me percaté de algo que nadie me había señalado antes: el número de referencias a la tierra en el Antiguo Testamento, era enorme. Como Gerhard von Rad, gran erudito en el Antiguo Testamento, señaló: «De todas las promesas hechas a los patriarcas, la más prominente y decisiva fue la de la tierra».[65] La tierra aparece más de 1000 veces en la Biblia judía y es, incluso, más común que la palabra «pacto», que para todos los eruditos es fundamental en la Escritura.[66] En más del 70 % de los lugares donde se menciona la palabra «pacto», la veremos junto a la tierra prometida. (Esto se encuentra en el apéndice «Pacto y tierra en el Antiguo Testamento»).[67] El *Dictionary of Biblical Imagery* [Diccionario de imagenología bíblica] señala que «el anhelo por la tierra» es, después de Dios, el aspecto más importante del Antiguo Testamento.[68]

LA POSESIÓN ES CONDICIONAL

La promesa de la tierra nunca garantizaba su posesión. Aunque Dios prometió repetidamente a Abraham y a su descendencia que se la daría, también dejó claro la existencia de condiciones para permanecer en la tierra. Debía establecer ciudades de refugio para los asesinos, debían seguir las instrucciones religiosas y morales, debían cumplir las leyes alimenticias, tanto la tierra como el pueblo debían guardar los días de reposo y los años de jubileo, y debían evitar los siguientes comportamientos: prostitución, derramamiento de sangre inocente, sacrificios de niños, perversiones sexuales y casarse con una mujer divorciada (Deut. 19:7; 6:9; 12:20-32; Lev. 19:29; 23:10-11; 25:2,8-55; Núm. 35:29-34; Deut. 24:4; Lev. 18:24-25). La desobediencia traería maldición sobre la tierra (Deut. 28:15-68) y que Dios mandara a los israelitas al exilio, de la misma forma que había echado de la tierra a los canaanitas debido a sus pecados (Lev. 18:24). Solo la obediencia continua de la ley de Dios garantizaba la permanencia en la tierra (Deut. 5:32-33; 6:3; 8:19-20; 11:8-15). Los salmistas enfatizaron en la necesidad de obedecer para morar en ella (por ejemplo, Sal. 37:27-29,34; 85:1-2,8-10). Los Proverbios refieren algo parecido cuando declaran: «Porque los rectos habitarán la tierra, y los perfectos permanecerán en ella» (Prov. 2:21). Isaías (60:21; 62:4) y Jeremías (3:16-18), también hicieron alusión al tema. Otra condición era tratar bien a los extranjeros. Los israelitas debían amarlos como a sí mismos. Se les recordó que en algún momento ellos también fueron extranjeros en Egipto, así que debían tratarlos en su tierra con el sistema de justicia que utilizaban para sí mismos (Lev. 19:33-34). Los patriarcas y los reyes de la Biblia mostraron gran preocupación por los extranjeros que vivían en su tierra. Abraham los trató como a vecinos y socios comerciales. Se negó a aceptar regalos de tierra e insistió en pagar por ella (Gén. 23). Josué honró el trato hecho con una tribu canaanita, a pesar de que esta aseguró el tratado mediante el engaño. Puso a sus hombres en peligro para protegerla debido a la promesa que les había hecho (Jos. 9-10). David utilizó a extranjeros (hombres de lo que hoy es Líbano, Siria, Jordania y Turquía) como soldados y líderes de su ejército. Algunos se convirtieron en sus más cercanos consejeros (2 Sam. 11:10-47). Como Abraham, insistió en comprar la tierra, incluso cuando Dios se la había prometido. Ornán, un canaanita que poseía terrenos en la Jerusalén preisraelita, cuando se llamaba Jebus, le ofreció tierra a David para el lugar en donde estaría el templo de Dios. Él rechazó el regalo y le pagó a Ornán 600 siclos de oro (1 Crón. 21).

Israel importa

Gary Burge señala que los profetas continuaron esta práctica. Jeremías criticó el abuso a los extranjeros (Jer. 7:5-7) y Ezequiel declaró que cuando los judíos regresaran del exilio debían proveer para los tales: «... echarán suertes con vosotros para tener heredad entre las tribus de Israel» (Ezeq. 47:22-23).[69] El resultado de todo esto era que guardar los términos del pacto incluía tratar a los extranjeros con justicia (amarlos). Guardar el pacto no solo era un asunto de evitar la idolatría o de tratar al prójimo judío con justicia, sino que también debían extenderla a los extranjeros que vivían en Israel. Si Israel era disciplinado por violar el pacto, algunas de esas violaciones eran en contra de los extranjeros que vivían en la tierra.

Así que el Antiguo Testamento nunca garantizaba una eterna posesión de la tierra. Ello estaba condicionado a la fidelidad hacia Dios y a la justicia con los residentes de la tierra.

CONSERVABAN EL TÍTULO AUNQUE ESTUVIERAN BAJO DISCIPLINA

Aunque la posesión de la tierra nunca estuvo garantizada, el título de las tierras sí. Los profetas escribieron que, incluso en aquellos momentos en que la desobediencia de Israel trajo como resultado el exilio, esta continuaba siendo suya. En el exilio, Jeremías escribió que Dios prometía: «... y los volveré [al pueblo de Israel] "a su tierra", la cual di a sus padres» (Jer. 16:15; ver también 12:14-17). El Señor le dijo a Ezequiel que había exiliado al pueblo de Israel porque «... la contaminó con sus caminos y con sus obras; como inmundicia de menstruosa fue su camino delante de mí...». Por esta razón «... les esparcí por las naciones...». Pero llegaría el momento, dijo Dios, cuando «... yo os tomaré de las naciones, y os recogeré de todas las tierras, y os traeré "a vuestro país"» (Ezeq. 36:17-19,24). Como un erudito escribió:

«Israel podía perder la tierra debido al incumplimiento de vivir en ella en lealtad a Yahvéh. Sin embargo, la tierra era inalienable en el sentido de que no podía serle arrebatada a Israel.

64

Pero Israel, a través de la desobediencia, perdió la tierra. Los profetas en el exilio descansaban en el inalienable derecho de Israel para con la tierra y anunciaron el regreso a la misma porque señalaban que aún era suya por derecho».[70]

¿Por qué podía ser perpetuo el título de la tierra cuando la posesión no lo era? La razón es que existían diferentes pactos que dependían del pacto central con Abraham. Como lo mencioné en el inicio de este capítulo, el pacto abrahámico era el básico al que Jesús y Pablo hicieron referencia; era incondicional. El Señor le dijo a Israel que Él eternamente sería su Dios y que les daría una tierra que siempre sería suya. Pero el pacto con Moisés estipulaba que disfrutar de la tierra y de otras bendiciones estaba condicionado a la obediencia de Israel. Por esta razón el pacto que el Señor hizo con Abraham estaba lleno de promesas y el hecho con Moisés estaba lleno de requisitos. La promesa hecha a Abraham era que Dios le daría a su familia una tierra para siempre. Sin embargo, la promesa a Moisés era que la familia de Abraham debía obedecer los mandamientos del Señor si querían permanecer en la tierra. El pacto abrahámico era incondicional, mientras que el mosaico era condicional. El regalo de la tierra para Abraham y su descendencia era para siempre, incluso si disfrutar de ella estaba restringido a ciertos períodos de la historia.

¿LA NUEVA PROMESA CANCELA LA ANTERIOR?

Quizás puedes pensar que esto no sea de gran importancia si Dios ya ha seguido adelante. En otras palabras, si el Señor ha hecho nuevas promesas concernientes a todo el mundo, ¿cómo podrían las hechas sobre la tierra de Israel estar aún vigentes? Después de todo, ¿no predijeron los profetas que el reino del Mesías israelita abarcaría a todo el mundo?

Muchos cristianos han presentado este argumento. Asumen que debido a que Isaías, por ejemplo, predijo que Dios utilizaría al siervo del Señor para traer «salvación hasta lo postrero de la tierra» y que los reyes adorarían al Mesías (49:6-7), en la era mesiánica Dios ya no se enfocará en la tierra de Israel. De acuerdo con quienes creen en la suplantación, estas nuevas promesas hechas a todo el mundo cancelan las anteriores hechas al diminuto país de Israel.

No obstante, no existe razón alguna para que las nuevas promesas cancelen las antiguas. Los profetas no asumen esto. Ellos *expandieron* la herencia prometida del pueblo de Dios más allá de los límites de Canaán para incluir a todo el mundo, pero nunca perdieron la esperanza de que Israel regresara a la tierra de Palestina. Como un erudito señaló: «No podemos concluir que los profetas consideraban que esa promesa fue abolida».[71] En otras palabras, con los profetas encontramos nuevas promesas hechas para el Mesías y su reino mundial, pero ellas no cancelan aquellas previamente establecidas para una tierra y un pueblo en particular. «La expansión [de la promesa] no es sinónimo de la abrogación».[72] Así como Abraham sería el padre de Israel *y* de muchas naciones, así también Israel regresaría a su tierra *y* el resto del pueblo de Dios viviría en todo el mundo.

El Señor es perfectamente capaz de honrar ambos conjuntos de promesas. Después de todo, esto va de acuerdo con Su patrón de trabajo (alcanzar lo universal a través de lo particular). Dios siempre deseó traer salvación a todo el mundo y siempre ha utilizado a individuos y a un pueblo en particular (Israel) para hacerlo. Que Él haga promesas a todo el mundo es, simplemente, Su manera de mostrar cómo utilizaría a Israel, que como veremos en el siguiente capítulo, está personificado en Jesús, el israelita perfecto.

PROMESA DE REGRESAR

Los profetas, quienes escribieron mayormente desde el exilio, profetizaron que un día los judíos regresarían a la tierra desde todo el mundo. Isaías, por ejemplo, predijo a principios del siglo VII a.C. que en un futuro Dios «… juntará los desterrados de Israel, y reunirá los esparcidos de Judá de los cuatro confines de la tierra» (Isa. 11:12). Cerca de un siglo después, Jeremías escribió que «vienen días» cuando do se dirá que el Señor «… hizo subir a los hijos de Israel [...] de todas las tierras adonde los había arrojado; y los volveré a su tierra, la cual di a sus padres [...] y habitarán su tierra» (Jer. 16:14-15; 23:8). A principios del siglo VI a.c., Ezequiel profetizó en reiteradas ocasiones el regreso de todos los israelitas dispersados a la tierra: «Y pondré mi Espíritu en vosotros, y viviréis, y os haré reposar sobre vuestra tierra» (Ezeq. 37:14). Dos capítulos después encontramos una descripción de un regreso que sería una restauración. Los exiliados en ese punto serán prosperados, tendrán seguridad y no temerán: «[...]. Ahora volveré la cautividad de Jacob. [...] Y ellos sentirán su vergüenza, y toda su rebelión con que prevaricaron contra mí, cuando habiten en su tierra con seguridad, y no haya quien los espante» (Ezeq. 39:25-26). Más adelante en ese mismo siglo, Zacarías proclamó la promesa del Señor: «Bien que los esparciré entre los pueblos, aun en lejanos países se acordarán de mí; y vivirán con sus hijos, y volverán» (Zacarías 10:9). Promesas similares fueron hechas a través de los profetas y en el transcurso de diferentes períodos de la posterior historia de Israel (después del primer exilio a Asiria, durante y después del segundo exilio a Babilonia y después del regreso de los exiliados bajo el mando de Esdras y Nehemías).

Algunos eruditos han sugerido que estas profecías del regreso fueron cumplidas cuando algunos de los exiliados a Babilonia volvieron para reconstruir Jerusalén hacia el final del siglo VI a.C.; pero la lectura del Nuevo Testamento mostrará que Jesús y los apóstoles aún esperaban un regreso futuro. Ahora revisaremos esas expectativas.

5

Análisis del Nuevo Testamento

Un futuro para el pueblo y la tierra de Israel

Este es el capítulo que pensé sería imposible de escribir.

Sé que existen muchos eruditos cristianos que reconocen el sionismo en el Antiguo Testamento. Incluso aquellos que son antisionistas admiten que Dios les prometió una tierra a Abraham y a su descendencia. Pero ellos piensan que la venida de Jesús cambió todo eso. Afirman que Él envió a Sus discípulos a todo el mundo y no solamente a Israel. Y que les prometió que la tierra que heredarían sería el mundo entero. A fin de cuentas, ¿no afirmó en las bienaventuranzas: «Bienaventurados los mansos, porque ellos recibirán la "tierra" por heredad»? (Mat. 5:5, énfasis añadido). Su argumento establece que el Antiguo Testamento trataba sobre una tierra y un pueblo en particular, pero que el Nuevo Testamento es sobre un salvador para el mundo entero. Al Señor ya no le interesan este pueblo y la pequeña tierra de Israel: Él es un gran Dios que se preocupa por todo el mundo. Si Él se reserva una tierra para Su pueblo, es *toda* la tierra en el nuevo cielo y la nueva tierra que vendrán.

¿ESTABA JESÚS INICIANDO UNA NUEVA RELIGIÓN?

La mayoría de los cristianos que utilizan esta bienaventuranza para contradecir al sionismo piensan que Jesús vino a empezar una nueva religión. Establecen que el judaísmo de la época de Jesús estaba corrompido, había llegado a su final y que por esa razón Dios iniciaba algo nuevo a través de Su Mesías.

Bajo este concepto, ¿qué estaba mal con el judaísmo del primer siglo?

La típica respuesta cristiana ha sido que era una religión de obras la cual enseñaba que Dios salva a través de nuestra propia justicia moral. Jesús vino con las buenas noticias de que el Señor salva por gracia, un regalo que no depende de nuestras obras que son como trapos de inmundicia. Él nos acepta en Su familia solamente por amor, *a pesar de* que no somos dignos.

Otra variante de esto es que el judaísmo no conocía la relación personal con Dios como el Padre celestial. Jesús vino a introducirnos en dicha relación.

Por siglos, los rabinos y otros eruditos judíos argumentaron que ninguna de tales propuestas eran ciertas. «¿Cómo pueden decir que creemos en la salvación mediante las obras? Nosotros establecemos que un niño judío es introducido al pacto a los ocho años mediante la circuncisión. ¿Qué habría podido hacer el niño para merecer eso? ¿Y por qué el Señor eligió a Israel? ¿Quizás los méritos de Abraham, Isaac y Jacob tuvieron alguna relación, pero cómo millones de judíos se unen al pacto que Dios hizo con ellos? De la misma manera que el niño, antes de que hayamos hecho algo para merecerlo. Es mediante lo que ustedes llaman gracia».

«Ahora, por supuesto que creemos que para *permanecer* en el pacto debemos obedecer los *mitsvá* (mandamientos) del Señor. ¿No es esto lo que su fundador Jesús estableció: "Si guardareis mis mandamientos, permaneceréis en mi amor..." (Juan 15:10)?».

«¿Y una relación personal con el Dios de Israel? ¿No has leído el Salmo 23? Que el "Señor es mi pastor" es algo que amamos profundamente y nuestros rabinos escribieron innumerables comentarios sobre cómo el Señor se relaciona de manera personal con los hijos y las hijas del pacto». Pero sus protestas no fueron escuchadas. Después llegó el holocausto. Fue una llamada de atención. Los teólogos cristianos se preguntaron: ¿cómo pudo el país más cristianizado de Europa volverse contra los judíos de una forma tan demoníaca y a una extensión tan gigantesca? ¿Nuestra percepción del judaísmo contribuyó de alguna forma a estos hechos? ¿Nos perdimos de algo? Una cosa que se omitió fue la permanencia del pacto de Dios con Israel. Casi toda la Iglesia, durante gran parte de su historia, adoptó la teología de la suplantación. Como hemos visto, esta es la idea de que la Iglesia suplantó a Israel y que, por tanto, a partir del año 30 d.C. el Señor ya no tiene una relación con dicho pueblo. Él centró Su atención solamente en la Iglesia, que confiesa a Jesús como el Mesías. Pero después los eruditos cristianos como Karl y Markus Barth, C. E. B. Cranfield, Peter Stuhlmacher y muchos más, se percataron de que una lectura imparcial de la Epístola de Pablo a los Romanos exigía una revisión de la teología de la suplantación. Observaron que una lectura objetiva de las cartas de Pablo no podía conducir a la conclusión de que la Iglesia tomó el lugar de los judíos. También notaron que el Nuevo Testamento nunca llama a la Iglesia el nuevo Israel.

JESÚS QUERÍA RESTAURAR LAS DOCE TRIBUS

Una revisión más detallada sobre Jesús, guiada por E. P. Sanders, John P. Meier, Ben F. Meyer y, de forma más reciente, por N. T. Wright, encontró que Jesús era más judío de lo que los cristianos imaginaban (lo que llevó a cuestionar que Él vino a establecer una nueva religión). Como señalé en el capítulo 1, los eruditos han argumentado que Él tenía la intención de renovar el pacto nacional con Israel y no de fundar una nueva religión. Quería restaurar las doce tribus para introducir el reino de Dios a través de Israel, ya que la salvación vendría de los judíos (Juan 4:22). Si las naciones deseaban ser salvas, tenían que unirse a Israel. Los discípulos de Jesús pensaron que Él establecería un reino que le devolvería el control de la tierra a la nación judía. En parte fueron guiados por la predicción que Jesús hizo, señalando que un día Jerusalén le daría la bienvenida: «Jerusalén, Jerusalén […] os digo que desde ahora no me veréis, hasta que digáis: Bendito el que viene en el nombre del Señor» (Mat. 23:37-39).

Pero si muchos eruditos se han percatado de que Jesús era más judío de lo que imaginamos y de que Pablo pensaba que el pacto del

Señor con Israel continuaba a pesar de la cruz y la resurrección, aún existen algunos entendidos, en su mayoría cristianos, los cuales piensan que la actitud de Jesús y de Pablo hacia la Torá (el Pentateuco, especialmente su ley) muestra la existencia de una separación fundamental entre el judaísmo y este nuevo movimiento de Jesús.

¿RECHAZABA JESÚS LA LEY?

Después de todo, ¿no mostró Jesús que la ley no era aplicable a Él cuando les dijo a Sus discípulos que podían espigar grano en el día de reposo, que de acuerdo con los fariseos no era permitido? ¿Y no hizo lo mismo al proclamarse Señor del día de reposo (Mar. 2:23-28)? Y cuando Jesús habló con autoridad, sin apelar explícitamente a los rabinos, ¿no fue una señal de que estaba rompiendo con la religión basada en las lecturas tradicionales de la Torá e imponiendo Sus propias palabras como una nueva ley? ¿La ley ya no era aplicable para Él y Sus discípulos?[72]

Eso se ha pensado de Jesús durante siglos. Sin embargo, cuando los eruditos observaron la Biblia y el contexto judío del primer siglo, llegaron a una conclusión diferente. Sabios, estudiosos como Mark Nanos, Mark Kinzer y Markus Bockmuehl, quienes trabajaron basados en la obra de W. D. Davies, Krister Stendahl y E. P. Sanders, han argumentado que Jesús era un judío cumplido que enseñaba el verdadero significado de la ley y que en ninguna manera la abolió. Se basan en la declaración pragmática de Jesús en el Sermón del Monte:

«No penséis que he venido para abrogar la ley o los profetas; no he venido para abrogar, sino para cumplir [que se puede traducir "para dar el verdadero significado a"]. Porque de cierto os digo que hasta que pasen el cielo y la tierra, ni una jota ni una tilde [los trazos más pequeños de la pluma en griego y hebreo] pasará de la ley, hasta que todo se haya cumplido. De manera que cualquiera que quebrante uno de estos mandamientos muy pequeños, y así enseñe a los hombres, muy pequeño será llamado en el reino de los cielos; mas cualquiera que los haga y los enseñe, éste será llamado grande en el reino de los cielos» (Mat. 5:17-19, aclaración añadida).

Las acciones de Jesús concordaron con Sus palabras. Apoyó los sacrificios y las ofrendas voluntarias al templo. Por ejemplo, alabó la ofrenda de la viuda (Mar. 12:41-44); asumió que Sus discípulos llevarían las suyas para el sacrificio al altar («... si traes tu ofrenda al altar, y allí te acuerdas [...]» [Mat. 5:23]); le dijo al leproso que sanó que se purificara al ofrecer un sacrificio (Mat. 8:4; Mar. 1:44; Luc. 5:14); en Lucas 20 relató nuevamente la parábola de la viña de Isaías 5 para dirigirla contra los labradores (los sacerdotes) en lugar de contra la viña misma (el templo); y mostró celo por la administración del templo, llamándolo «mi casa» (Mat. 21:12-13; Mar. 11:15-17; Luc. 19:45-46).[73] Lucas escribió que los padres de Jesús subieron a Jerusalén cada año para la Pascua y, sin duda, realizaban su propio sacrificio familiar (Luc. 2:41-42) y muestra a los padres del primo de Jesús orando en el templo durante la hora del incienso (Luc.1:10), como debían hacerlo los fieles judíos.[74]

LO MÁS IMPORTANTE DE LA LEY

En ocasiones se dice que el énfasis de Jesús en «... lo más importante de la ley...» (Mat. 23:23) significa indiferencia al resto de ella. Pero esta apelación a los principios esenciales dentro de la ley era común entre la tradición rabínica. Por ejemplo, Yohanan ben Zakkai, rabino del primer siglo, utilizó Oseas 6:6, tal como lo hizo Jesús, para argumentar que los actos de bondad son más importantes que las ofrendas en el templo.[75]

Jesús apeló a las leyes de pureza sin denunciarlas, como cuando advirtió en cuanto a caminar sobre sepulcros que no se ven (Luc. 11:44) y dar a los perros lo que es santo (Mat. 7:6), así como cuando envió a espíritus inmundos a unos cerdos que después se precipitaron hacia el mar (Mar. 5:1-13). Esto tiene sentido para un judío, cuyas leyes establecen que los cerdos son inmundos. Como ya hemos observado, Jesús aprobó la necesidad de la purificación sacerdotal después de sanar al leproso. Señaló que los camellos y los mosquitos son impuros (Mat. 23:24), que no estaba completamente a gusto con los gentiles y samaritanos (instruyó a los doce a evitar los pueblos gentiles y samaritanos, enseñándoles a tratar al inconverso como a «gentil y publicano» y comparó a la mujer sirofenicia con un perro [Mat. 10:5; 18:17; Mar. 7:26-27]), incluso cuando en otras ocasiones trató a los gentiles y samaritanos con compasión.[76] Por tanto, no abolió la distinción entre lo puro y lo impuro, ni las leyes de pureza en general. Él denunció lo que observó como una discrepancia entre las palabras y las acciones de los fariseos, pero no su atención al ritual judío en sí mismo. Pocos cristianos perciben que Jesús ordenó a Sus discípulos que guardaran todo lo que los fariseos dijeran (Mat. 23:3).

Él afirmó la santidad del día de reposo al argumentar sobre su propósito (Mar. 3:4), no sobre su validez. Estableció que tal día fue creado para el hombre, no a la inversa. La tradición oral rabínica, posteriormente escrita en la Mishná, establecía algo bastante similar: debido a que el propósito del día de reposo era la vida, se permitía espigar grano si uno estaba hambriento.[77] De manera interesante, la versión de Mateo señala que los discípulos tenían hambre (Mar. 12:1). Además, Jesús apela al ejemplo de David para justificar esta práctica en el día de reposo: «¿No habéis leído lo que hizo David, cuando él y los que con él estaban tuvieron hambre; cómo entró en la casa de Dios, y comió los panes de la proposición, que no les era lícito comer ni a él ni a los que con él estaban, sino solamente a los sacerdotes?» (Mar.12:3-4).

En otras palabras, Jesús apeló a la autoridad de las Escrituras judías para justificar lo que Él hizo. Este es un ejemplo perfecto de apelación a un mayor principio de la ley para explicar el quebrantamiento de uno de los mandamientos menores. Como hemos observado, ese era un principio judío enseñado por los rabinos en su tradición oral.[78] Por tanto, lo que la mayoría de los cristianos pensaban que era un rechazo a la ley judía, en realidad era aceptado por la tradición judía como una forma de honrar la ley. Piensa en esto de otra forma: si Él no creyera en la santidad del día de reposo, ¿por qué les dijo a Sus discípulos que oraran para que no tuvieran que huir de la tribulación en el día de reposo (Mat. 24:20)?

DIEZMOS Y FRANJAS

Para más evidencia de que Jesús no hizo a un lado la ley o repudió las tradiciones judías basadas en ella, consideremos lo siguiente: Él aprobó los diezmos y el uso de las franjas en la vestimenta. Observemos primero los diezmos. En su denuncia contra los escribas y fariseos por su hipocresía (no por sus enseñanzas), dijo que ellos dejaban «... lo más importante de la ley: la justicia, la misericordia y la fe. Esto era necesario hacer, sin dejar de hacer aquello» (Mat. 23:23). ¿A qué se refería con «aquello»? El diezmo de «la menta y el eneldo y el comino». Jesús señala que ellos *debían* diezmar. Explícitamente aclaró que esos diezmos, aunque menores, resultaban obligatorios. Expresa claramente que los grandes diezmos, aquellos que se utilizaban para sostener a los levitas (Núm. 18:21,24), para poder participar en las grandes festividades (Deut. 14:22-27) y para los pobres (Deut. 14:28-29), eran más importantes. Si los diezmos menores eran obligatorios, estos últimos también. Este no solo era el principio judío de interpretación bíblica, sino simple lógica.

Además, es claro que Jesús utilizó franjas. ¿Cómo lo sabemos? La palabra griega *kráspedon* que se traduce en la mayoría de las Biblias como el «borde» del manto de Jesús —tocado por la mujer que tenía hemorragia desde hacía doce años y por el enfermo de Genesaret— es la misma palabra que emplea la versión griega del Antiguo Testamento (la Septuaginta, texto que usaba la iglesia primitiva) para las franjas que Dios ordenó que utilizara Su pueblo (Mat. 9:20; 14:36).

«Y Jehová habló a Moisés, diciendo: Habla a los hijos de Israel, y diles que se hagan franjas en los bordes de sus vestidos, por sus generaciones; y pongan en cada franja de los bordes un cordón de azul. Y os servirá de franja, para que cuando lo veáis os acordéis de todos los mandamientos de Jehová, para ponerlos por obra; y no miréis en pos de vuestro corazón y de vuestros ojos, en pos de los cuales os prostituyáis. Para que os acordéis, y hagáis todos mis mandamientos, y seáis santos a vuestro Dios» (Núm. 15:37-40).

Las franjas eran para ayudar a los judíos a recordar los mandamientos con el propósito de que los obedecieran y fuesen santos. Jesús criticó a los fariseos por hacerlas demasiado *largas* para presumir su piedad (Mat. 23:5). Pero no estaba en contra de las franjas, todos los hombres judíos las usaban, incluso Él mismo. Entonces, ¿por qué los traductores pasaron esto por alto? O no estaban conscientes del trasfondo del Antiguo Testamento o no podían imaginar que Jesús fuese así de judío.

DEJA QUE LOS MUERTOS ENTIERREN A SUS MUERTOS

Quizás la declaración más controversial de Jesús es la respuesta que da al discípulo cuyo padre murió: «... Sígueme; deja que los muertos entierren a sus muertos» (Mat 8:22). Markus Bockmuehl argumentó con amplitud que esto no puede utilizarse para ilustrar una actitud indiferente hacia la ley. Aunque la Torá ordena que los hijos entierren a sus padres, exime a los sumos sacerdotes y a los nazareos (Lev. 21:11-12; Núm. 6:6). El voto que Jesús hizo de no beber «... más de este fruto de la vid, hasta aquel día en que lo beba [...] en el reino de mi Padre» (Mat. 26:29) tiene paralelos con los votos nazareos en la Mishná (la versión escrita de enseñanza rabínica oral con la que Jesús, sin duda, estaba familiarizado). Y los votos nazareos eran «extremadamente populares en la Palestina del primer siglo», en donde «la obligación a la pureza delante de Dios era [considerada] más importante que [...] el deber hacia los padres».[79]

Así que, esta famosa declaración de Jesús en ninguna manera implica que desechó la ley de Moisés. También es posible que el padre de este discípulo aun no hubiera fallecido y que el hijo deseaba regresar a su casa, reclamar la herencia tras la muerte de su padre y después convertirse en un discípulo. La respuesta de Jesús habría significado que los muertos espiritualmente (aquellos que no reconocían que Él era el Mesías) enterrarían a los suyos. Ni esta historia, ni ninguna otra muestra claramente que Jesús no haya cumplido con las leyes morales o ceremoniales, una distinción, por cierto, no conocida en los primero años del judaísmo del segundo templo. La ley era la ley, cada mandamiento era obligatorio, aunque no todo mandamiento era, por igual, obligatorio.

Por tanto, existe suficiente evidencia de que Jesús consideraba la Torá como aplicable para Él y para Sus discípulos.

¿PABLO RECHAZÓ LA LEY?

¿Qué hay de Pablo? Los eruditos han llegado a conclusiones similares sobre Pablo, aunque es un poco más complicado para el apóstol de los gentiles. Por ejemplo, existe cierta tensión entre cómo trata Pablo a la ley en Gálatas, en donde es «casi exclusivamente negativo», y el trato que le da en Romanos, en donde la ley «buena en sí misma pero no provee una solución suficiente a los problemas ocasionados por la caída». Sin embargo, cuando ambas cartas son leídas juntas, Romanos parece «incluir la interpretación más negativa de Gálatas en un todo más grande».[80]

Permíteme intentar aclarar esto. Pablo señaló que «... todo hombre que se circuncida, [...] está obligado a guardar toda la ley» (Gál. 5:3). De acuerdo, también indicó que él no estaba «sujeto a la ley» (1 Cor. 9:20), pero tanto Bockmuehl como Mark Kinzer, eruditos del Nuevo Testamento, sugieren que Pablo se refería a que él no era como un judío que vivía en estricta separación de los gentiles. Estaba a favor de reunir a los judíos y a los gentiles ahora que había comenzado la era mesiánica. Así que Pablo estaba «dentro» de la ley *(énnomos)*, pero no «sujeto a la ley» *(jupó nómos)*. Tampoco estaba «fuera» de la ley *(anómos)*. Todas estas frases fueron utilizadas por Pablo en 1 Corintios 9: «... a los que están "sujetos a la ley" (aunque yo no esté "sujeto a la ley") como "sujeto a la ley" [...], para ganar a los que están "sujetos a la ley". A los que están sin ley, como si yo estuviera sin ley ("no estando yo sin ley de Dios", sino "bajo la ley de Cristo"), para ganar a los que están sin ley» (vv. 20-21, énfasis añadido).

El punto es que mientas Pablo no tomaba la ley de manera tan estrecha como los fariseos más conservadores, él podía adaptarse a ella para ganar a algunos judíos para el Mesías. Podía ser flexible en su trato con la ley, pero nunca estaba libre de ella y tampoco quería estarlo. No existe evidencia de que el apóstol haya quebrantado las reglas básicas del judaísmo, por ejemplo, comer alimentos impuros, profanar el día de reposo o no guardar las festividades judías.[81]

Podrías preguntarte entonces a qué se refería Pablo en Gálatas 3:10-14, cuando señaló que Cristo «nos redimió de la maldición de la ley, hecho por nosotros maldición» (v. 13). La primera cosa que debemos recordar es que es el mismo Pablo quien estableció que «... la ley a la verdad es santa, y el mandamiento santo, justo y bueno» (Rom. 7:12) y que la fe en Cristo no invalida la ley, sino que la confirma (Rom. 3:31). Así que no es lógico pensar, como muchos cristianos lo hacen, que para Pablo la ley misma es una maldición. Michael Wyschogrod (1928-2015) fue un teólogo judío que comprendía el contexto rabínico de Pablo. Escribió que Dios es tanto ley como misericordia en el marco rabínico, pero que no hay forma de saber qué administrará Él después de un grave pecado (la maldición que resulta de la desobediencia a la Torá o la misericordia que mitiga la justicia del Señor). «Por esta razón, la existencia judía es muy insegura». Pero para Pablo, Jesús en la cruz era el «pararrayos que absorbía todo el castigo en sí mismo y, por tanto, protege a todos los demás». Así que, la maldición de la ley es el *castigo* que viene de desobedecer la ley, que es santa y buena en sí misma.[82]

John G. Gager, erudito del Nuevo Testamento, argumenta que Gálatas ha sido mal comprendido porque su audiencia ha sido mal comprendida. Señala que en realidad Pablo se dirigía solo a gentiles en esta carta y su propósito era explicar la relación de la ley con los gentiles (que para Pablo no existía tal relación). «Los gentiles [en Galacia] [...] estaban siendo presionados por otros apóstoles para que participaran de la circuncisión y guardaran la ley». Así que Pablo explicó que «la ley no fue creada para los gentiles». Gager razona que Gálatas está dirigida solo a ellos porque «la descripción de las circunstancias de los gálatas antes de Cristo solo puede aplicar a los gentiles: "... estábamos en esclavitud bajo los rudimentos del mundo" (4:3); "... no conociendo a Dios" (v. 8); y "...servíais a los que por naturaleza no son dioses" (v. 8)». Incluso la frase «los que están sujetos a la ley» se refiere a los gentiles que fueron presionados por los judíos para someterse a la ley. Pero esta frase «no es característica en los textos judíos para describir la relación de la ley con los judíos». Así que el Pablo de Gálatas puede ser reconciliado con el de Romanos. Gálatas les dice a los gentiles que la ley no es para ellos, mientras que Romanos insiste que la ley de los judíos es santa, justa y buena (7:12). Ambas cosas son compatibles porque las reglas legales y ceremoniales del Pentateuco (Torá) son para los judíos, no para los gentiles.[83]

Gager puede ir demasiado lejos. Las palabras de Pablo en Gálatas 2 («Nosotros, judíos de nacimiento...», 2:15) sugieren que había algunos judíos en su audiencia de Galacia. Además, la idea de meditación angélica de la ley puede encontrarse en al menos una fuente judía (Testamento de Dan 6:2) y la noción de que los judíos podían estar bajo los espíritus elementales del universo, ha sido encontrada en literatura apocalíptica judía. Pero parece que en Galacia los gentiles eran mayoría. En el primer siglo, ningún judío le diría a otro que antes de conocer al Mesías no conocía a Dios (Gál. 4:8). Tampoco cuestionaría que la ley (que en Gálatas probablemente significa la parte legal de la Torá, opuesta a otras partes, por ejemplo, Génesis) se oponía a las promesas del Señor, como Pablo lo hace en Gálatas 3:21. Los judíos creían que existía una perfecta armonía entre las partes legales y no legales de la Torá. Quizás no eran capaces de explicarlas, pero rehusaban albergar la posibilidad de que Dios fuera incoherente en Su revelación. Además, si la iglesia en Galacia era, en lo fundamental, judía, Pablo nunca habría declarado: «Si vosotros sois de Cristo, ciertamente linaje de Abraham sois...» (Gál. 3:29). Los judíos *sabían* que ellos ya eran tal linaje.

Así que, incluso si había judíos en Galacia, parece que Pablo se dirige principalmente a los gentiles, lo que apoya la idea de que cuando él señala en Gálatas que la circuncisión ya no es requerida (5:2-6; 6:12-15), les está recordando a ellos lo que la Torá y el judaísmo siempre han establecido.

Por esta razón, Pablo no estaba desechando la Torá (la ley). Tampoco intentaba iniciar una nueva religión que rechazara la ley. Como Frank Thielman, especialista paulino, señaló: «El señalamiento de Pablo sobre su "conducta en otro tiempo en el judaísmo" en

Gálatas 1:13-14 (comp. Fil. 3:4-11) ya no debe ser considerado como una salida de Pablo del judaísmo hacia una nueva religión, sino como un indicador de un cambio a la luz de su experiencia en Cristo, de una perspectiva judía de la ley hacia otra».[84]

Existen muchas otras señales de que Pablo respetaba la ley: circuncidó a Timoteo, hizo y cumplió un voto nazareo y participó en otro voto nazareo (Hech. 16:1-3; 18:18; 21:21-24). En este último, Pablo les demostró a «Jacobo y [...] a todos los ancianos» de la iglesia en Jerusalén, que parecían contentos porque «millares de judíos [...] que han creído» eran «celosos de la ley», que él mismo «anda[ba] ordenadamente, guardando la ley» (Hech. 21:18,20,24). En Hechos, Lucas se desvía un poco del tema para mostrar que Pablo no «... enseña[ba] a todos los judíos que están entre los gentiles a apostatar de Moisés, diciéndoles que no circunciden a sus hijos, ni observen las costumbres» (Hech. 21:21). Por «costumbres», Pablo se refería a las leyes alimenticias, guardar el día de reposo y circuncidarse (y, probablemente, a otras costumbres judías). En Romanos, el apóstol afirma que el propósito de Dios al enviar a Jesús era que «... la justicia de la ley se cumpliese...» en los discípulos de Jesús (Rom. 8:4).

En cierto aspecto, Pablo era aún más judío que Jesús: tuvo un acercamiento más positivo con los fariseos de lo que observamos en los Evangelios. Orgullosamente se presentaba como fariseo (Hech. 23:6) y Lucas señala que estos defendían a Pablo (Hech. 23:9). A través de Hechos 21–26, Pablo «afirma su identidad como un judío guardador de la ley, un fariseo, y alguien que no era culpable de quebrantar la Torá ni de profanar el templo».[85] Raymond Brown, gran erudito católico, especuló que si Pablo hubiera tenido un hijo, lo habría circuncidado. Wyschogrod, preguntó: «¿Podría ser que Pablo era, después de todo, un judío ortodoxo?».[86]

DIFERENCIAS SOBRE EL MESÍAS, NO LA LEY

De acuerdo con el erudito Mark Nanos, Pablo «afirmó claramente la ley». Sus diferencias con los judíos no eran respecto a la Torá, sino en relación a quién era Jesús: «Las diferencias en el tiempo de Pablo [entre el judaísmo de Pablo y el de los judíos] no giraban alrededor de las perspectivas de la Torá, ni en torno a las reacciones a estas [...]. En su lugar, se movían alrededor del significado de Cristo para el pueblo de Israel [...] y para el resto de las naciones».[87] Quizás entonces la pregunta real para los judíos y los cristianos no es si Jesús o Pablo aceptaron que la ley sigue vigente (porque hay demasiada evidencia de que sí lo hicieron), sino si Jesús era, como el teólogo judío Irving Greenberg lo señala: «Un redentor para las naciones».[88]

Así que, ¿comenzaron Jesús y Pablo una nueva religión?

Como lo señalé en el inicio de este capítulo, los cristianos han tenido diversas razones para responder sí a esta pregunta. Una de las más importantes y quizás la más utilizada, ha sido el asunto de la Torá: la ley judía. Los cristianos han señalado que Jesús hizo a un lado la Torá y Pablo declaró que la Torá ya no es obligatoria debido a que Jesús, el Mesías, se ha convertido en la nueva Torá. Los cristianos han creído que solamente las palabras de Jesús y las de Sus seguidores que escribieron mediante inspiración divina el Nuevo Testamento, son obligatorias para los cristianos.

Pero ¿y si, como hemos observado, Jesús no tenía la intención de desechar la Torá, sino que enseñaba y personificaba el verdadero significado de la ley? ¿Y si la Torá era aún obligatoria para Sus seguidores judíos y era importante en un sentido diferente para Sus seguidores gentiles, pero ahora con una mejor claridad a través de Sus palabras y acciones?

¿Y si Pablo cumplía la Torá, contrario a lo que muchos cristianos han creído? ¿Y si él también consideraba que la Torá era obligatoria para los judíos y una fuente de enseñanza para los gentiles que seguían a Jesús? ¿Y si, por ejemplo, aunque los mandamientos alimenticios no se aplicaban a los gentiles, sí les enseñaban a ser agradecidos por los alimentos y la necesidad de obedecer al Señor incluso cuando no comprendieran todos los mandamientos del Nuevo Testamento?

Si estas cosas son verdad, entonces se disuelve el principal argumento para la idea de que Jesús y Pablo deseaban iniciar una nueva religión.

Por supuesto, el judaísmo y el cristianismo *han* evolucionado en diferentes religiones. Hoy son distintos. Pero Jesús y Pablo no tenían en mente iniciar una nueva religión. Jesús vino a mostrarles a los judíos el cumplimiento de su ley (¡Él mismo!) y Pablo llevó este mensaje a los gentiles para que pudieran ser adoptados en la familia abrahámica del Mesías.

¿DEJÓ ISRAEL DE SER UN PUEBLO PARTICULAR EN EL NUEVO TESTAMENTO?

Hemos establecido la falacia de un mito: que Jesús y Pablo rechazaron la Torá y deseaban iniciar una nueva religión. Ahora quiero discutir otro mito: que el Nuevo Testamento no se enfoca en un pueblo en particular (los judíos) o en una tierra específica (Israel). Ya hemos abordado esto en capítulos previos, pero profundicemos un poco más. De acuerdo con este mito, después de Cristo no debe haber distinción entre judíos y gentiles y el Señor ya no está interesado en Israel como una tierra santa. No es más importante que, por ejemplo, Uganda o Tailandia. La tierra de Israel que en el Antiguo Testamento estaba en el centro de la historia de la salvación ya no es clave como una tierra particular en el Nuevo Testamento, solo era la tierra en donde Jesús y los discípulos vivían.

Primero examinemos la idea que establece que en el Nuevo Testamento la distinción judío-gentil ya no es importante. Aquellos que la apoyan generalmente hacen referencia a Romanos 4, donde Pablo declara que todos los creyentes ahora son miembros de la familia de Abraham y comparten la fe en el Dios que justifica sin importar la circuncisión. ¿No prueba esto que todo lo que importa es la fe en Jesús, que un judío que cree no es diferente a un gentil que cree?

Esto es cierto si solo consideramos el estatus delante del Señor. Tanto los judíos como los gentiles se unen a Jesús cuando ponen su fe en Él, quien los presenta ante el Padre y son justificados, santificados y finalmente glorificados.

No obstante, existe una distinción bíblica importante: los gentiles de Romanos 4 que aceptaron el evangelio son llamados hijos de

Abraham, no hijos de Jacob o Israel. Como *Abraham*, ellos no son descendientes de personas bajo el pacto de Dios, sino que son justificados sin la circuncisión. Su estatus espiritual delante del Señor es igual al de los seguidores judíos de Jesús, pero aun así son distintos a los creyentes judíos. Por esta razón, Pablo, casi al final de su vida, cuando presenta esta teología, aún hace distinción entre los circuncisos y los gentiles (Rom. 15:8-9). Él les pide «vivir en armonía» (15:5, DHH), pero no sugiere que compartan su identidad como judíos o gentiles.

Otra evidencia de que Israel no fue expandido para incluir a judíos y gentiles sin distinción es el uso de la palabra «Israel» en el Nuevo Testamento. Ya hemos observado en el capítulo 2 que el Nuevo Testamento nunca llama a la Iglesia el nuevo Israel. Nunca hace referencia a los gentiles como Israel. Brad Young, erudito del Nuevo Testamento, escribió que este «menciona a Israel casi ochenta ocasiones con igual significado que en el Antiguo Testamento».[89] Walter Gutbord, de la Universidad de Tübingen, señala en el *Diccionario Teológico del Nuevo Testamento* que en Romanos 9-11 Pablo «no separa, ni quiere separar, el término [Israel] de aquellos que pertenecen a Israel por descendencia».[90]

El argumento más común a favor de que la distinción entre judíos y gentiles fue abolida se basa en Gálatas 3:28: «Ya no hay judío ni griego; no hay esclavo ni libre; no hay varón ni mujer; porque todos vosotros sois uno en Cristo Jesús». Parece claro: la distinción entre judíos y gentiles ya no debe existir.

Sin embargo, el pasaje realmente no es tan simple. Aunque en Gálatas Pablo señala que «no hay varón ni mujer», en otras epístolas hace distinción entre hombres y mujeres al mencionar sus diferentes roles en la iglesia y en la familia (1 Cor. 11:1-16; 14:34; Ef. 5:22-24; Col. 3:18; 1 Tim. 2.12). En referencia a que los hombres y las mujeres son uno en Cristo, Pablo probablemente estaba pensando en Génesis 2:24, donde en el matrimonio el hombre y la mujer se convertían en «una sola carne». Pablo y otros judíos creían que esto era una unidad compuesta, en la cual dos personas son distintas pero también una sola. Los hombres y las mujeres son uno en Cristo Jesús, pero aún son distintos. La unidad de los judíos y los gentiles, otra unidad compuesta donde estar en Cristo, era más importante que ser judío, pero en donde también las distinciones no eran abolidas. Si las diferencias, prerrogativas entre hombres y mujeres no fueron eliminadas por Cristo, entonces tampoco lo fueron entre judíos y gentiles.

Otro indicativo de que Pablo no creía que Cristo anuló la distinción entre judíos y gentiles es su argumento sobre los judíos y los gentiles en las iglesias. Como hemos observado, él se refiere a los judíos fieles como a «ramas naturales» en el olivo, un símbolo común de Israel en el Antiguo Testamento, y a los gentiles como «olivo silvestre» que fue injertado en el árbol (Rom. 11:17-24). El apóstol deseaba que los gentiles no se jactaran al pensar que ellos sustentaban a la raíz (11:17,18). Si Pablo pensaba que Cristo expandió a Israel para incluir a judíos y a gentiles sin distinción alguna, entonces no habría hecho distinción entre el olivo silvestre (gentiles) y las ramas naturales (Israel), pero sí lo hizo.

Además, Pablo no escribió en tiempo pasado (Israel sustentaba a la Iglesia en el pasado pero ahora ya no es significativo), sino en tiempo presente (Israel aún sustenta la parte de la Iglesia que es gentil). Los judíos aún son «amados» por Dios y sus «dones y el llamamiento» son «irrevocables» a pesar de «que, en cuanto al evangelio, son enemigos por causa de vosotros» (Rom 11:28-29). Si Pablo creyera que la fe en Cristo anulaba las distinciones entre judíos y gentiles, ¿por qué detallaría las distinciones judías e insistiría en que aún las conservan después de la resurrección de Cristo?

Los escritores de los Evangelios también enfatizaron las distinciones entre judíos y gentiles. En el Evangelio de Lucas el ángel le habla a María sobre el Mesías que «... reinará sobre la casa de Jacob para siempre» (1:33). Y Simeón observa una luz que es una «revelación a los gentiles» pero también «gloria para tu pueblo, Israel» (Mat. 2:32). En el Evangelio de Mateo, Jesús señala que cuando Él venga para sentarse en Su trono, los apóstoles juzgarán a «las doce tribus de Israel» (19:28). Si Jesús mismo particularizó a los judíos como jueces y personas que serán juzgadas en el juicio final, ¿cómo podría ser verdad que Israel fue expandido para que las distinciones judías y gentiles ya no fueran significativas? Lo mismo es cierto en la imagen que Apocalipsis muestra del nuevo cielo y la nueva tierra. El autor de Apocalipsis indica (7:4-9) que los 144 000 de «todas las tribus de los hijos de Israel» serán distintos a la «gran multitud, la cual nadie podía contar, de todas naciones y tribus y pueblos y lenguas», lenguaje bíblico típico para los gentiles (7:4,9). Así que, incluso en el final de los tiempos, la distinción entre judíos y gentiles será significativa. Habrá un grupo de judíos que podrá contarse y un grupo de gentiles que será incontable.

LA TIERRA Y LA NUEVA TIERRA

Quienes defienden la teología de la suplantación, presentan como su segundo mayor argumento sobre el Nuevo Testamento e Israel que en el nuevo pacto la «tierra» de Israel es reemplazada por el «mundo» de todos los creyentes. Lo que esta idea implica es que con la venida de Cristo la tierra de Israel perdió su relevancia.

Esto también va en contra del testimonio del Nuevo Testamento. Como mencioné al inicio de este capítulo, muchos se basan en la bienaventuranza de Mateo 5:5: «Bienaventurados los mansos, porque ellos recibirán la tierra por heredad». Y como expliqué en el capítulo 2, Jesús estaba citando el Salmo 37:11, en donde claramente el significado es «Bienaventurados los mansos, porque ellos recibirán la tierra [prometida] por heredad». Esa última frase es utilizada en cinco ocasiones en este Salmo y en cada una de ellas se refiere a la tierra de Israel, no a todo el mundo. Es probable que Jesús se refería a Israel como el centro del nuevo cielo y la nueva tierra que con posterioridad describió en Mateo como *palingenesía* o «la regeneración» (19:28).

Esta bienaventuranza era señal de que Él esperaba un futuro regreso de los judíos a la tierra y una Jerusalén restaurada. Jesús señaló que cuando regresara, *todas las tribus de la tierra* harían lamentación, los judíos de la tierra le darían la bienvenida y los discípulos juzgarían a las doce tribus de Israel (Mat. 19:28; 24:30; Luc. 13:34-35). Dio a entender que vendría primero a Jerusalén cuando esta ya no estuviera bajo el control de los gentiles (Luc. 21:24-28). También observamos que cuando los discípulos le preguntaron sobre la restauración del reino, no negó que lo haría; mencionó que el Padre estableció la fecha y que aún no era momento de que los discípulos la conocieran. Todas estas declaraciones señalan a los historiadores que en los Evangelios, Jesús y Sus discípulos, esperaban una «restauración de las doce tribus de Israel en un nuevo reino mesiánico».[91]

También consideramos que Pablo, Pedro y el escritor de Apocalipsis tenían expectativas similares. Como expliqué en el capítulo 1, el primero escribió en Romanos 11:29 que los dones de Dios a Israel son «irrevocables» y entre esos regalos quizás Pablo tenía en mente el regalo de la tierra y la promesa de ella en Isaías 60:21, donde se le dice al pueblo de Sion que «para siempre heredarán la tierra».

¿MUNDO O TIERRA? SÍ

En otra ocasión, Pablo se refirió implícitamente a la tierra. Varias veces mencionó las promesas abrahámicas en Gálatas 3:15-29 y todas ellas (Gén. 12:7; 13:15; 15:18-21; 17:8) hacen referencia a la tierra. Escribió en este pasaje a la iglesia en Galacia que esas promesas le fueron dadas al Mesías. Quizás puedas preguntarte qué estaba pensando Pablo en este punto. ¿Por qué se le daría tierra al Mesías? La respuesta es observar lo que Pablo les dijo a las iglesias en Éfeso y Corinto: la Iglesia es el cuerpo del Mesías. Ellos (los miembros de este cuerpo, la Iglesia) heredarían la tierra. Heredarían no solo el mundo, sino también el centro del mundo: Israel.

La mayoría de los cristianos me detendría aquí. Dirían que estoy imponiendo mi interpretación al texto. Insistirían en que Pablo tenía en mente el mundo y no a la tierra de Israel. Jesús dijo que Sus discípulos heredarían todo el mundo, no solo la tierra de Israel. Respondería que debemos considerar cómo la palabra griega para «mundo» y «tierra» es utilizada en el Nuevo Testamento.

El Nuevo Testamento utiliza la misma palabra griega para «mundo» y «tierra» *(ge)*. Es utilizada 19 veces de forma que señala a la tierra de Israel. En dos ocasiones de manera explícita, cuando en

Mateo 2:20-21 el ángel le anuncia a José, en un sueño, que debe llevar al niño y a su madre a *ge Israel*.[92] Los escritores del Nuevo Testamento también hacen referencia a «la tierra» en cuatro ocasiones cuando citan al Antiguo Testamento. Cuando Jesús señala que los mansos heredarán la *ge* (Mat. 5:5) está citando el Salmo 37:11, en el cual ya hemos mencionado que Dios, al menos cinco veces, le asegura al pueblo que «heredarán la "tierra"». En Mateo 24:30 leemos que cuando el Hijo del Hombre venga, todas las tribus de la tierra harán lamentación, que es una traducción laxa de Zacarías 12:10-14: «... y mirarán a mí, a quien traspasaron, y llorarán [...], afligiéndose [...]. En aquel día habrá gran llanto en Jerusalén [...]. Y la tierra lamentará, cada linaje aparte. Los descendientes de la casa de David [...], Natán [...], Leví [...], Simei [...] [y] todos los otros linajes...». Este mismo texto de Zacarías se encuentra en Apocalipsis 1:7, donde el escritor señala que Jesús vendrá en las nubes y «... todos los linajes de la *ge* harán lamentación por él». Con posterioridad, Luego, en Efesios 6:3 Pablo cita Deuteronomio 5:17, ordenando a los hijos a obedecer a sus padres, porque «... es el primer mandamiento con promesa; para que te vaya bien y seas de larga vida sobre la *ge*» (Ef. 6:2-3). Este uso de *ge* claramente señala a la tierra de Israel, no a todo el mundo.

Cinco referencias más del Nuevo Testamento están basadas en el Antiguo Testamento. En Lucas 4:25, Jesús menciona los días de Elías cuando había gran hambruna en la *ge*, Santiago 5:17-18 utiliza la misma historia para señalar que no llovió en la *ge*, pero que después de la oración de Elías la *ge* produjo frutos; Hebreos 11:9 relata que Abraham habitó en la «tierra [*ge*] prometida»; y en la historia de Apocalipsis 20:9, Gog y Magog subieron sobre la anchura de la *ge* y rodearon la «ciudad amada». ¡Es obvio: Gog y Magog no marcharon sobre todo el mundo! Finalmente, el contexto de siete pasajes implica que *ge* se refiere a la tierra de Israel. Jesús les dice a Sus discípulos que ellos son «la sal de la *ge*» (Mat. 5:13); deseaba que Sus seguidores no creyeran que Él había venido a la *ge* a traer paz (Mat. 10:34), sino que se percataran de que había venido a traer espada; tres textos señalan que la oscuridad vendría a la *ge* durante la crucifixión (Mat. 27:45; Mar. 15:33; Luc. 23:44), y Jesús advirtió que la destrucción de Jerusalén traería gran angustia a la *ge* (Luc. 21:25). El autor de Apocalipsis menciona que los cuerpos de los dos testigos permanecerán en la ciudad «...donde también nuestro Señor fue crucificado» y aquellos que moraban en la *ge* se «... regocijarán sobre ellos...» (11:8,10).

En todos estos pasajes, los contextos sugieren que es más lógico traducir *ge* como «tierra», que como «mundo». La última cita de Apocalipsis lo deja claro. Esta *ge* es la ciudad «... donde también nuestro Señor fue crucificado» (Apoc. 11:8). Obviamente la referencia es a Jerusalén y a la tierra de Israel. Notemos que esto sucederá al final de los tiempos, en el futuro. Israel entonces será una tierra distinta. La futura herencia no es todo el mundo sin una distinción, sino un mundo en donde Israel y Jerusalén serán distintos.

UN ISRAEL DISTINTO EN UNA ERA VENIDERA

Existen más señales en el Libro de Apocalipsis de que el Israel judío será distinto en el mundo que vendrá. Cristo glorificado «tiene la llave de David» (3:7); es «el León de la tribu de Judá, la raíz de David» (5:5); todas las doce tribus de la nación de Israel son mencionadas en Apocalipsis 7:1-8; los dos testigos serán asesinados en Jerusalén (11:8); y la batalla de Armagedón se llevará a cabo en un valle al norte de Israel (16:16).

El Libro de Hechos también da testimonio de un futuro para el Israel judío. En el capítulo 2, mencioné brevemente el discurso de Pedro en Hechos 3. Vale la pena profundizar un poco más. Es una de las evidencias más sólidas para demostrar que los autores del Nuevo Testamento consideraban un futuro para Israel, incluso en medio de la salvación de todas las naciones. Pedro comienza su segundo sermón dirigiéndose a los judíos: «Varones israelitas». Después de acusarlos de asesinar a su propio Mesías les ofrece una segunda oportunidad.

«Así que, arrepentíos y convertíos, para que sean borrados vuestros pecados; para que vengan de la presencia del Señor tiempos de refrigerio, y él envíe a Jesucristo, que os fue antes anunciado; a quien de cierto es necesario que el cielo reciba hasta los "tiempos de la restauración" de todas las cosas, de que habló Dios por boca de sus santos profetas que han sido desde tiempo antiguo» (Hech. 3:19-21, énfasis añadido).

El último versículo es evidencia de que Pedro creía que habría un futuro para Israel como una entidad diferente al resto, como una tierra distinta, incluso cuando los gentiles sean unidos a Israel. Como observamos en el capítulo 2, la palabra griega utilizada aquí para «restauración» es la misma palabra *(apokatástasis)* utilizada en la Septuaginta para el futuro regreso divino de los judíos a la tierra de Israel desde cada rincón del mundo.

«Los volveré *[apokatástasis]* a su tierra, la cual di a sus padres» (Jer. 16:15).

«Porque pondré mis ojos sobre ellos para bien, y los volveré *[apokatástasis]* a esta tierra» (Jer. 24:6).

«Y volveré a traer *[apokatástasis]* a Israel a su morada» (Jer. 50:19 [27:19 Septuaginta]).

«Como ave acudirán velozmente de Egipto, y de la tierra de Asiria como paloma; y los haré habitar *[apokatástasis]* en sus casas, dice Jehová» (Os. 11:11).

Pedro estaba utilizando una palabra clave judía para una tierra futura y renovada en donde Israel sería preeminente. Los judíos del primer siglo la emplearon para referirse a la era venidera que el Mesías traería y que todos los justos disfrutarían. Toda la tierra sería renovada para que muchas naciones de gentiles disfruten del mundo, en cuyo centro estarán los judíos en su propia tierra.

¿CUÁL ES EL PUNTO?

¿Qué significa todo esto? Eso es lo que me preguntaba durante los años en que comencé a encontrar todas estas cosas en el Nuevo Testamento que no eran compatibles con la teología de la suplantación que yo había heredado. De acuerdo con esa perspectiva, no había lugar para los judíos como judíos en el reino de Dios una vez que el Mesías regresara. Y no existía una razón real para que la tierra de Israel no fuera como cualquier otra nación del mundo. Ya no era una tierra santa, incluso si era santa en los tiempos de Jesús y del Antiguo Testamento. Ahora el mundo era la tierra prometida.

Sin embargo, luego comencé a toparme, en el Nuevo Testamento, con esta muralla de evidencia que no era compatible con estos dos conceptos. Jesús y Sus discípulos parecían creer que la distinción entre judíos y gentiles tendría algún rol en el nuevo reino, incluso cuando Su venida había dado el cumplimiento al reino. Así que, incluso si los judíos y los gentiles eran uno en Cristo, hermanos y hermanas en la familia de Abraham, y si los dos grupos fueron redimidos por Cristo, cada grupo tiene una relación diferente con la ley judía (así como a los hombres y las mujeres en Cristo, aunque son uno, se les asignaron diferentes roles en el matrimonio).[93]

También se hizo evidente que en el final de los tiempos y en la tierra renovada habría características claramente judías y que Israel sería una nación independiente en la nueva tierra, que sería multinacional. Todo el mundo estaría bajo el control del Mesías, pero habría un centro llamado Israel, con Jerusalén en medio. Israel continuaría como la Tierra Santa.

Esto marcó una diferencia en la forma en que contemplaba al estado de Israel. El presente estado es el resultado de una migración masiva de judíos desde todo el mundo en los últimos dos siglos. Por más de 3000 años siempre hubo judíos viviendo en la tierra. Pero este reciente regreso de judíos a la tierra no tiene precedentes. Y de manera misteriosa coincide con las predicciones de los profetas que hemos examinado en el capítulo pasado. También corresponde a lo que anticipa el Nuevo Testamento: un regreso a la tierra y la restauración de los judíos como un grupo que se gobierna a sí mismo.

No puedo decir que el presente estado de Israel es el último, ni que ya ha llegado la total restauración espiritual de los judíos allí. Mis amigos israelíes señalan que esta renovación se está llevando a cabo en lo oculto, de maneras que no son visibles para el mundo exterior. Pero incluso ellos están de acuerdo con que el Estado no es perfecto, tiene muchos problemas (¿qué país no los tiene?) y está lejos de ser el Israel completamente restaurado que los profetas predijeron y que anticipa el Nuevo Testamento.

Sin embargo, nosotros los cristianos pensamos que mientras «… gemimos dentro de nosotros mismos, esperando [...] la redención de nuestro cuerpo» (Rom. 8:23), el Espíritu obra dentro de nosotros para prepararnos para ella. Cada uno de nosotros lucha contra el pecado y las imperfecciones, pero generalmente confiamos en que el Señor nos está glorificando. Creemos que incluso cuando la Iglesia está llena de manchas e imperfecciones, continúa siendo el cuerpo de Cristo.

La situación con Israel es similar. Existen muchas imperfecciones y la actualidad del pueblo y la tierra parecen estar lejos del cumplimiento de la promesa. Pero como nosotros mismos y la Iglesia, existen señales claras de que el Señor está obrando, de que Él ha llevado a Israel hacia donde está hoy. He concluido que Dios mantiene Su pacto con los judíos, que los ha regresado a su tierra prometida de formas notables y que tiene un futuro preparado para el pueblo y la tierra.

Estas conclusiones afectan casi cada área de la vida y el pensamiento cristiano. Abordaré sus implicaciones en los capítulos 7 y 8, pero primero, debemos responder a algunas objeciones comunes.

6

Objeciones políticas

¿Qué sucede con los palestinos?

Cuando comienzo a hablar sobre una nueva teología del sionismo, algunos se sorprenden. No significa que la gente no entienda. El problema es que abordo un tema que no les interesa. Pueden estar de acuerdo en que la Biblia le prometió una tierra a Abraham y a su descendencia. También pueden coincidir en que el establecimiento del Estado de Israel en 1948 fue casi milagroso cuando, solo unos pocos años antes, en Europa los judíos habían sido casi exterminados por Hitler. De hecho, incluso pueden reconocer que el regreso de ellos a su tierra ancestral fue un cumplimiento parcial de las profecías bíblicas.

Sin embargo, no pueden aceptar el resto de mis argumentos porque hablo de teología y no de justicia. Están aferrados a que lo que piensan es injusticia. Como la joven que mencioné en la introducción declaró: ¿Qué sucede con los palestinos? ¿Cómo podemos pensar que esto es obra de Dios si los judíos parecen haber robado la tierra que por derecho les pertenecía a los palestinos?

Durante más de 20 años he guiado más de doce viajes a Israel para miembros de iglesias y estudiantes universitarios. En uno de los primeros insté a un abogado palestino a que hablara con nuestro grupo en Jerusalén; se alegró de que lo invitara y le presentó al grupo una serie de argumentos: que los judíos robaron la tierra a los árabes, que la ocupación israelí del Banco Oeste viola la ley internacional, que el

93

sionismo es, en esencia, secular, no religioso, y además racista. Señaló que lo peor es que los cristianos conservadores apoyan a Israel incondicionalmente y se ciegan a las injusticias perpetradas contra los palestinos. El grupo estaba abrumado con estas acusaciones. La mayoría de ellas eran nuevas en ese momento (hace 16 años) para muchos cristianos. Durante las siguientes dos semanas escuchamos alegatos de cristianos, judíos e, incluso, de otros palestinos. El resto de este capítulo sintetiza lo que el grupo aprendió y lo que yo he aprendido desde ese viaje por la tierra de Israel, en mis conversaciones con judíos, árabes, otros israelíes y en un estudio más profundo.

¿ROBARON LOS JUDÍOS LA TIERRA A LOS ÁRABES?

He sugerido en este libro que el presente Estado de Israel es un cumplimiento parcial de las profecías bíblicas que señalan el regreso de los judíos, desde todo el mundo, a su tierra ancestral. Pero hay

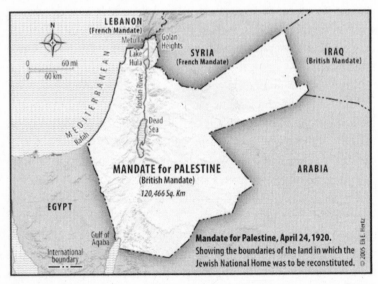

Figura 6.1. Territorio originalmente asignado para el hogar nacional judío (1920)

muchas personas, como el abogado palestino, que señalan eso como una cobertura religiosa para el robo descarado. ¿Es verdad? ¿Los judíos robaron la tierra a los árabes? Este ha sido un argumento presentado por los árabes en las últimas décadas.[94]

Generalmente, lo que tal acusación implica es que los judíos israelíes nunca intentaron compartir la tierra con sus vecinos árabes. Pero, de hecho, sí lo hicieron y los árabes rechazaron cada una de sus propuestas.[95]

La historia comienza en 1920 cuando, bajo la vigilancia de la Sociedad de las Naciones, el tratado de San Remo ordenó la creación de un hogar nacional para los judíos. Como puedes observar en la figura 6.1, el hogar original para los judíos se suponía que incluiría la tierra que ahora es el país de Jordania.[96]

Pronto se decidió que este territorio debía ser dividido entre judíos y árabes: a los últimos se les otorgó el 77 % de esta tierra para formar Transjordania y a los primeros, se les ordenó asentarse en el otro 23 %, entre el Mediterráneo y el río Jordán. Observa la división en la figura 6.2.

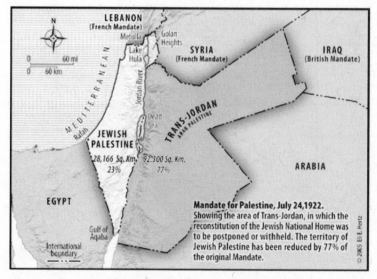

Figura 6.2. Territorio final asignado al hogar nacional judío (1922)

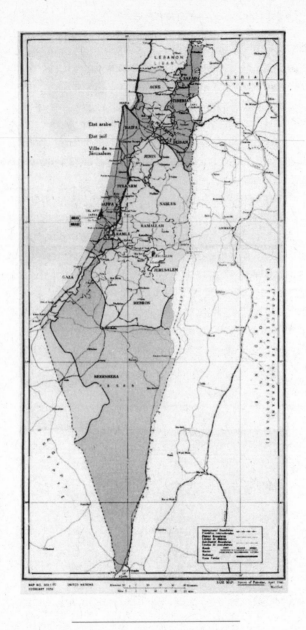

PLAN DE PARTICIÓN DE PALESTINA con unión
económica propuesto por la Comisión Especial de las
Naciones Unidas para la Cuestión de Palestina (UNSCOP)

Estado árabe   Estado judío   ☐ Ciudad de Jerusalén

Límites propuestos por UNSCOP

Cuando en 1947 las Naciones Unidas dividieron ese 23 % una vez más, a los judíos solo les dejaron el 17,5 % del territorio original, como podemos observar en la figura 6.3.[97]

Algunos señalan que este plan de las Naciones Unidas fue injusto para los árabes porque ellos conformaban el 93 % de la población de Palestina y solo se les otorgó el 73 % de la tierra. Pero la parte judía tenía una clara mayoría judía viviendo ahí (de acuerdo con la ONU, 538 000 judíos contra 397 000 árabes).

Los judíos no estaban satisfechos con la partición porque no se les asignó Jerusalén, donde ellos habían sido mayoría desde mediados del siglo XIX. Además, 60 % de su asignación era el desierto del Neguev, que se pensaba era árido e inútil.[98]

Sin embargo, los judíos aceptaron la partición, los árabes no.

Las líneas de armisticio después de la guerra de 1948 dejaron a los judíos con un área similarmente pequeña. Sus vecinos árabes controlaban un territorio 640 veces más grande que el de ellos. Las cifras podrían discutirse, pero la mayoría de las estimaciones señalan que casi 800 000 judíos fueron expulsados de tierras árabes como resultado de la guerra árabe-israelí y que cerca de 700 000 árabes fueron obligados a abandonar sus hogares. Sin embargo, aunque los judíos en su parte de Palestina aceptaron a refugiados judíos provenientes de todo el mundo árabe, ninguna nación árabe ofreció tierras para los refugiados árabe-palestinos.

En este intercambio de territorio, ¿los judíos robaron tierra árabe? Considerándolo todo, no. Para el año 1948, los británicos habían asignado 75 880 hectáreas de tierras cultivables a los árabes, pero solo 1720 hectáreas a los judíos. Por esa o tal razón, los judíos compraron tierras a los árabes, la mayoría a grandes terratenientes, algunos de los cuales eran alcaldes árabes en Gaza, Jerusalén y Jaffa. Los judíos pagaron altos precios a terratenientes que generalmente estaban ausentes (un promedio de 2500 por hectárea cuando el precio de la tierra cultivable en Iowa rondaba los 250 dólares por hectárea).[99] En sus memorias, el rey Abdullah de Jordania escribió que la verdadera historia de los judíos que se apoderaron de las tierras árabes es una historia de comercio y no de hurto: «Los árabes son tan pródigos en vender sus tierras como lo son en [...] llorar [por ello]».[100]

Los críticos han argumentado que si los judíos han comprado tierras, también han expulsado árabes de ellas en la guerra de 1948. Los soldados israelíes sí utilizaron la guerra psicológica para alentar a los árabes a abandonar algunos pueblos, y en la región de Ramla y Lod forzaron a algunos de ellos a moverse unas millas, hacia un área ocupada por la Legión Árabe. Pero la mayoría de los árabes que huyeron fueron alentados por los líderes árabes.[101] Otros simplemente huyeron de la violencia que los rodeaba. Existen numerosos debates sobre esta parte de la historia de Israel, pero tenemos dos testimonios árabes en este asunto. Haled al Azm, primer ministro sirio, escribió en sus memorias: «Desde 1948 hemos exigido que los refugiados regresen a sus hogares. Pero nosotros mismos los alentamos a que escaparan».[102]

El *Economista*, frecuente crítico del sionismo, reportó en su emisión del 2 de octubre de 1948 que «el alto oficio árabe [...] claramente advirtió que aquellos árabes que permanecieran en Haifa y aceptaran la protección judía serían considerados renegados».

Es una tragedia cuando alguien se siente forzado a abandonar su hogar. Sin embargo, no podemos culpar de esto única o mayormente a los judíos en 1948. Tampoco podemos llamarle robo debido al contexto histórico.

¿VIOLA ISRAEL LAS LEYES INTERNACIONALES?

Muchos están de acuerdo con el abogado palestino con respecto a que la continua ocupación israelí en el Banco Oeste es una violación de la ley internacional, específicamente de la Resolución 242 de la ONU.

De acuerdo a la misma, el retiro israelí debía llevarse a cabo en el contexto del mutuo reconocimiento árabe-israelí del derecho a existir y de ajustes territoriales para obtener fronteras seguras. La orden era retirarse de «territorios» y no de «los territorios». Tanto Arthur Goldberg como Lord Carrington, los principales autores de la resolución, han declarado que la palabra «los» fue omitida a propósito porque la intención no era que Israel cediera *todos* los territorios, ya que reconocían que algunos eran necesarios para asegurar las fronteras.[103] A pesar de que la mayoría de los Estados árabes rehusaron reconocer el derecho de existir de Israel (una condición de la Resolución 242), este ha implementado los principios de la resolución en tres ocasiones. Cuando Egipto cesó su declaración de guerra en 1979, Israel regresó el Sinaí (90 % de su territorio ocupado). Cuando Jordania firmó un tratado de paz, Israel devolvió la tierra que Jordania reclamaba. Después, en septiembre del 2005, Israel se retiró unilateralmente de Gaza y como resultado recibió nuevos ataques sobre su población civil desde ese territorio.

Por esta razón, la acusación de ocupación ilegal debe ser rechazada. Israel ha hecho diversos esfuerzos para cumplir las estipulaciones de la ONU, mientras que sus vecinos árabes no los han hecho.

Cuando los palestinos parecieron aceptar el derecho de existencia israelí durante las negociaciones de Oslo (1993-95), Israel cedió el control de las principales ciudades del Banco Oeste a las autoridades palestinas. Pero cuando estas mostraron su apoyo hacia los ataques terroristas contra los ciudadanos israelíes en el año 2000, Israel retomó el control de esas ciudades. En ese mismo año, Israel ofreció regresar 92 % del Banco Oeste, lo que algunos consideran poco generoso porque refieren que Israel nunca poseyó esas tierras. Sin embargo, los judíos habían vivido en la antigua Samaria (el Banco Oeste) por más de 3000 años.

Sin embargo, eso no es todo. Recuerdo el momento cuando hace algunos años aprendí que Jordania de manera unilateral renunció a cualquier reclamo de esta área en 1988 y cedió legalmente su propiedad a Israel. Eso mismo me ayudó a percatarme de que las acusaciones contra Israel eran poco confiables.

Muchos antisionistas no saben esto o deciden ignorarlo y sugerir que los judíos deben retirar todos sus asentamientos del Banco Oeste, cediendo todo el territorio a los palestinos. Eso sería tan irracional como insistir en que ningún árabe puede vivir en Judea o Galilea. Sin embargo, la mayoría de los judíos están contentos de vivir con 2 millones de árabes que son ciudadanos israelíes en Judea y Galilea.

Además, ¿a qué otro país se le ha exigido ceder territorios obtenidos en una guerra defensiva que no inició? ¿Los alemanes que fueron desplazados de Koenigsberg incitan para que la ciudad les sea devuelta por los rusos que la conquistaron?

Quienes critican la «ocupación» también indican que los asentamientos en el Banco Oeste violan el artículo 49 de la Cuarta Convención de Ginebra. Esto es irónico porque tal Convención se llevó a cabo para prevenir crímenes como la deportación nazi de los judíos a los campos de concentración. El artículo prohíbe «los traslados en masa o individuales, de índole forzosa, así como las deportaciones de personas protegidas del territorio ocupado al territorio de la potencia ocupante o al de cualquier otro país, ocupado o no».[104] Pero ningún israelí es deportado contra su voluntad, se trasladan voluntariamente; y ningún árabe palestino es deportado o transferido. Los asentamientos legales, que solo están en el 3 % del Banco Oeste, fueron comprados en acuerdo con los árabes.

El artículo hace referencia a «altas partes contratantes» con un reclamo soberano de un territorio. El Banco Oeste no es un territorio de un poder signatario, sino, como Eugene Rostow declaró en un artículo en 1990: «Una parte no asignada del mandato británico».[105] La «línea verde» que determina importantes fronteras del Banco Oeste fue, simplemente, el cese al fuego al final de la guerra de 1948-49 entre árabes y el nuevo Estado judío. El armisticio árabe-israelí de 1949 señala que las líneas de demarcación «no deberían ser consideradas como fronteras políticas o territoriales». Las verdaderas fronteras se establecerán «solo con un gran acuerdo pacífico del problema palestino».[106] En los siguientes años, Jordania se movilizó hacia el Banco Oeste sin ninguna aprobación internacional y después se retiró cuando atacó a Israel en 1967 y fue derrotada.

Es útil recordar lo que mencioné hace algunas páginas. En el tratado de San Remo de 1920, los vencedores de la Primera Guerra Mundial crearon un territorio llamado Palestina que comprendía lo que conocemos como Jordania, Israel, Banco Oeste y Gaza. Esto era el 1 % del antiguo Imperio otomano, 99 % del cual fue transferido eventualmente a estados autogobernados con poblaciones en su mayoría turcas y árabes. En 1922 la Sociedad de las Naciones, en el Mandato británico de Palestina, estipularon un acuerdo para los judíos en la tierra al oeste del río Jordán, que incluye lo que llamamos Banco Oeste.[107] Ese mismo año, el Reino Unido creó un nuevo país árabe, Jordania, lo que significa que los británicos les otorgaron 3 cuartas partes del mandato a los árabes y una cuarta parte a los judíos. El Banco Oeste era una porción de esa cuarta parte. El mandato nunca ha sido abolido y está vigente hasta el día de hoy.

¿ES EL SIONISMO RACISMO?

El abogado nos dijo que «las Naciones Unidas ha descubierto que este gobierno es racista». Se refería a que la Asamblea General de las Naciones Unidas de 1975 declaró que el sionismo «es una forma de racismo y discriminación racial».[108] La resolución sugería que el estado israelí era similar al *apartheid* sudafricano. ¿Es eso verdad? El *apartheid* estaba basado en la raza, donde los blancos controlaban a la población mayormente negra. Los negros no podían votar ni tener representantes en el parlamento sudafricano.

En contraste, Israel tiene 2 millones de ciudadanos árabes que votan y tienen representantes en el Knéset israelí. Los árabes ejercen como jueces en el sistema de justicia israelí y al estar escribiendo este libro en el año 2016, un árabe servía en la suprema corte de Israel.

El Israel actual es como el Israel bíblico que era formado por personas de diversas naciones y razas (piensa en Rahab, Rut y los hombres de David que provenían de lo que hoy es el Líbano, Siria, Jordania y Turquía). Hay judíos sefarditas de complexión oscura que son del norte de África y judíos asquenazíes blancos provenientes de Europa. Miles de israelitas judíos vienen de Etiopía y muchos más de Rusia y de la antigua Unión Soviética. Hay judíos chinos, judíos africanos, judíos europeos e, incluso, judíos árabes. Existen diferentes tipos de judíos de diferentes razas. Para todos ellos, el judaísmo es una religión y no una raza.

El escritor musulmán, Irshad Manji, ha escrito determinantemente en contra de los argumentos del *apartheid* israelí: «Ocupando solo el

20 % de la población, ¿serían los árabes candidatos para elecciones si estuvieran bajo el régimen del *apartheid*? ¿Un régimen como el *apartheid* otorgaría el derecho a votar a las mujeres y a los pobres como lo hicieron los israelitas por primera vez en la historia de los árabes palestinos?».[109]

Esto no significa que no exista el racismo en Israel. Los diarios israelíes critican cada cierto tiempo al gobierno por no hacer más para nivelar la participación de los árabes y los negros, y reconocen que los derechos legales e igualdad social no significan lo mismo. Pero personas de todas las razas están participando en cada sector de la sociedad israelí, situación totalmente diferente al *apartheid* sudafricano. Además, existe una abierta discusión sobre el racismo y la política gubernamental que nunca habría sido posible en aquellos oscuros días de Sudáfrica.

¿ES EL ISRAEL MODERNO SIMPLEMENTE UN EJEMPLO RECIENTE DE NACIONALISMO?

Otro argumento contra el Israel moderno es que solo es un ejemplo más de nacionalismo del siglo XIX y, por tanto, no ha estado en la tierra tanto como los palestinos. Este siglo vio el nacimiento de muchas naciones cuando personas con culturas en común formaron naciones-estados. Inspirados por los filósofos Rousseau y Herder, los pueblos de Alemania, Rumania, Bulgaria, Grecia, Italia y Polonia fueron capaces de crear gobiernos con un nuevo sentido de identidad nacional.

No obstante, todas estas naciones eran bastante diferentes de Israel. La mayoría solo tenía unos pocos siglos de historia, lenguaje, cultura o religión en común. Solamente dos, Grecia e Italia, provenían de una antigua civilización, pero la religión y la cultura de esas antiguas civilizaciones es del todo diferente a la de sus descendientes modernos. Solo el Israel moderno comparte el mismo idioma y religión con sus ancestros.

Además, los judíos han vivido en su tierra por 3000 años y fueron mayoría ahí desde el siglo XIII a.C. hasta el año 135 d.C. Entre esta última fecha (segunda revuelta judía contra los romanos) y el siglo XIX no siempre fueron mayoría en la tierra; sin embargo, durante cuatro largos períodos en esos siglos se reunieron en Israel para preservar y reconstruir su cultura. Desde mediados del siglo II y hasta el siglo VII, Galilea era un centro de aprendizaje judío. Posteriormente, desde el siglo VIII al X, la ciudad de Tiberias, en Galilea, fue un refugio para la vida y el pensamiento judío. Safed se convirtió en una meca judía desde el siglo XVI hasta el XIX. Y en los siglos XVIII y XIX las matanzas rusas y el antisemitismo europeo obligaron a que cientos de rabinos y sus familiares se asentaran en Palestina. Durante el resto de los años siempre hubo judíos en la tierra, pero en menores cantidades.

Así que el nacionalismo judío es diferente a aquellos del siglo XIX. Israel ha mantenido continuidad con sus tradiciones ancestrales de formas que ninguna nación moderna ha hecho. Por tanto, tiene una historia mucho más extensa que cualquier otra.

¿ES EL SIONISMO MÁS SECULAR QUE RELIGIOSO?
¿NO SE OPONÍAN LOS RABINOS AL SIONISMO?

Una última crítica que pronunció el abogado esa noche es que el sionismo era hipócrita porque proclama al mundo que es religioso cuando en realidad es secular. Theodore Herzl (1860-1904), el padre del movimiento sionista moderno, no era religioso y los rabinos se opusieron por siglos al sionismo.

¿Hay algo de cierto en esto? Menos de lo que imaginamos. Herzl anhelaba un gobierno que fuese judío «en carácter», uno que estableciera políticas que fortalecieran la vida judía y al mismo tiempo protegiera el bienestar de los vecinos gentiles. Deseaba que los judíos hablaran hebreo y produjeran literatura y arte judíos.[110]

La cultura judía siempre ha sido sionista, lo cual significa que siempre ha celebrado una Jerusalén judía y la tierra de Israel. La obsesión con la tierra y el Dios de Israel es parte integral de la Biblia judía. Durante los últimos 1500 años los judíos han recitado la *Amidá* tres veces al día, pidiendo por la reconstrucción del tempo en Jerusalén. El libro de oraciones judío está lleno de oraciones como esta, mostrando un anhelo por la tierra de Sion.

Aunque existen advertencias en el Talmud sobre reconstruir Sion sin que el Señor prepare el camino, también se encuentran pasajes como el siguiente: «Morar en la tierra es igual a todos los mandamientos de la Torá».[111] Otro texto declara que quien vive en la tierra de Israel adora a Dios, pero un judío que vive fuera de la tierra es como alguien sin Dios.[112]

Durante los últimos 1000 años, los rabinos se han puesto de acuerdo sobre este asunto: vivir en la tierra de Israel es uno de los 613 mandamientos de la Torá. Los judíos deben buscar obedecerlo si es posible. Un respetado rabino del siglo XX, Moshe Feinstein (1895-1986), señaló que no hay una obligación absoluta para trasladarse a la tierra, «pero vivir ahí es un *mitsvá* [mandamiento]».[113]

¿SIGNIFICA ESTO QUE DEBEMOS APOYAR AL ESTADO DE ISRAEL ESTÉ O NO EN LO CORRECTO?

Esta fue la última queja del abogado palestino: que los evangélicos apoyan con demasiada facilidad al estado de Israel.

La respuesta rápida a esta pregunta es no. Como cualquier otro país, el Estado de Israel no es perfecto, tiene sus problemas. Debido a que es multirracial y multirreligioso, existen conflictos entre las razas y las religiones. Como mencioné antes, hay acusaciones de racismo contra los judíos etíopes e incluso contra los judíos sefarditas. Debido a que estamos hablando de seres humanos imperfectos que son pecadores, nada de esto debería sorprendernos.

Muchos problemas aún persisten. En ocasiones, los judíos mesiánicos son víctimas de hostilidades por parte de otros judíos, especialmente de los ultraortodoxos. Estos últimos a veces han atacado violentamente a los mesiánicos. El estado no acepta tal violencia, pero podría hacer más para proteger los derechos de sus ciudadanos mesiánicos. Israel no siempre ha tratado a los palestinos con justicia. Cuando las personas son víctimas de ataques terroristas, como lo han sido los judíos por décadas, es natural querer retribución. En ocasiones los judíos han participado en agresiones contra palestinos inocentes. Mientras que el Estado de Israel nunca las ha apoyado y generalmente enjuicia a los atacantes, no todas las políticas hacia los palestinos han sido sabias.

Por supuesto, es fácil para los norteamericanos, quienes han vivido en relativa seguridad, criticar a un pueblo que vive bajo amenazas diarias. Al mismo tiempo, nuestros corazones se compadecen de las víctimas de injusticias, ya sean judíos o árabes. Necesitamos sentir la libertad de alzar nuestras voces para criticar cuando es claro que existen algunas.

Podemos hacer esto porque hay ocasiones en las cuales debemos distinguir al Estado de Israel del pueblo de Israel. Por un lado, muchos cristianos creemos que el pueblo ha regresado a la tierra, de acuerdo con la profecía bíblica. Fue necesario que establecieran un Estado para protegerse y gobernarse, sin el que no hubieran podido permanecer en la tierra, ya que muchos de sus vecinos han intentado destruirlos en los casi 70 años desde que el Estado fue establecido. Pero, por otro lado, no estamos en la posición de saber si este Estado será el último antes del final de los tiempos. Sabemos que está lejos de ser perfecto. Sin embargo, es mucho mejor que cualquier otro en el Medio Oriente en términos de libertades y derechos para los judíos y no judíos. Requiere y merece apoyo solo por esa razón. Eso no significa que no puede ser criticado.

Al mismo tiempo, incluso si el pueblo del pacto y el Estado de Israel no son lo mismo, están entretejidos de una forma compleja. El Estado no podría existir sin el pueblo y el pueblo no podría sobrevivir y prosperar sin el Estado. El Estado protege al pueblo y el pueblo, aunque no todos son judíos religiosos, sostiene al Estado. Uno sin el otro es inconcebible e imposible.

Quisiera concluir este capítulo con unas palabras de alguien que pertenece a una minoría religiosa en Israel: Shadi Khalloul, líder de la comunidad aramea (cristiana), la cual ha vivido en Israel y en la región por miles de años.

«He experimentado personalmente igualdad social como parte de una minoría en Israel. Cuando tenía 19 años, como teniente de los paracaidistas, lideré casi a 100 soldados judíos en el campo. Estaba a cargo y era responsable de todas sus necesidades […]. Desde que me retiré de la milicia he ostentado diferentes posiciones en los negocios y la sociedad en Israel, disfrutando de libertad y oportunidades de trabajo como cualquier israelí que desea tener una carrera exitosa.

Más importante aún, Israel protege los derechos políticos de sus minorías y esto es único en el Medio Oriente. El Estado garantiza a sus ciudadanos no judíos todos los derechos y privilegios de la ciudadanía israelí. Cuando se llevaron a cabo las primeras elecciones para el Knéset (el parlamento de Israel) en 1949, se les dio el derecho de votar y ser elegidos a los árabes israelitas. Hoy se les garantiza a las minorías no judías de Israel todos los derechos políticos y pueden participar completamente en la sociedad israelita. Están activos en la vida social, política y civil de Israel y disfrutan de representación en el Knéset, en el servicio diplomático y en el sistema judicial. Como ya he mencionado, muchos de nosotros nos unimos a las fuerzas de defensa israelíes. El año pasado me postulé al Knéset.

Nosotros, las minorías, también podemos disfrutar de servicio médico casi gratuito en uno de los mejores sistemas médicos del mundo. Tenemos total libertad económica para comenzar un negocio o para participar completamente en una de las economías más vibrantes del mundo y, con certeza, la economía más saludable del Medio Oriente. Nuestros hijos reciben educación gratuita en escuelas excelentes y nosotros, los cristianos, podemos enviarlos a escuelas que refuercen nuestra fe. Nos sentimos privilegiados».[114]

Khalloul ha hablado públicamente sobre la libertad religiosa que él y los palestinos cristianos gozan (adorar, proclamar y actuar al descubierto en las plazas de Israel como cristianos).[115]

Este capítulo ha examinado las objeciones políticas que nuestro amigo y abogado palestino presentó. Pero no son los únicos problemas que los palestinos y otros han presentado. Los otros son teológicos. Los argumentos surgen de personas que han estado estudiando sus Biblias por años. Están abiertas a la posibilidad de que el Israel moderno sea el cumplimiento de antiguas profecías, pero luchan con varios puntos del Nuevo Testamento. Ahora nos enfocaremos en este tema.

7

Objeciones teológicas

¿Quedó obsoleto el antiguo pacto?

En varios de mis recientes viajes a Israel me ha acompañado Ralph, un viejo amigo, quien ha estudiado la Biblia por 40 años. Fue educado en la teología de la suplantación y ha tenido dificultades para alejarse de ella. Incluso después de escuchar la mayor parte del material que he presentado hasta ahora, lucha con algunos pasajes del Nuevo Testamento que parecen, desde su perspectiva, apoyar la suplantación.

Por ejemplo, él pregunta sobre el Libro de Hebreos, que declara claramente que el primer pacto está obsoleto (Heb. 8:13). Me preguntó: ¿no anula esto todo lo que has dicho sobre la actual relevancia del pacto abrahámico? ¿Y a qué se refiere Pablo cuando señala que Cristo es el «fin» de la ley (Rom. 10:4)? ¿No parece que Jesús implicó que Jerusalén era irrelevante para los adoradores después de Su venida (Juan 4:21)? ¿No socavaría a la «unidad del Espíritu en el vínculo de la paz» la continua distinción entre judíos y gentiles (Ef. 4:3)? Finalmente, le preocupa que mi postura de que tanto los judíos como los cristianos adoran al Dios de Israel signifique que todos los judíos serán salvos solo por nacer judíos. Este capítulo es para Ralph. Contiene mis respuestas a sus preguntas y quizás a las tuyas.

¿ESTABLECE EL AUTOR DE HEBREOS QUE EL PRIMER PACTO ESTÁ OBSOLETO?

Aquí está mi traducción de Hebreos 8:13: «Cuando Dios dijo "nuevo" hizo obsoleto el primer pacto. Porque lo que envejece está cerca de desaparecer».

Hay cuatro cosas que debemos saber de este pasaje. Primero, encontramos este versículo después de una larga cita de Jeremías, el famoso pasaje (Jer. 31:31-34) en donde el profeta del Antiguo Testamento dijo que vendrían días cuando el Señor establecería un «... nuevo pacto con la casa de Israel y con la casa de Judá» (v. 31). La palabra para «nuevo» es mejor traducida como «renovado».

Esto es posible y de hecho probable porque: (1) la palabra hebrea en Jeremías 31 puede ser traducida de ambas formas, «nuevo» y «renovado»; y (2) se puede encontrar el concepto de un pacto renovado en todo el Antiguo Testamento. Cuando los líderes justos tomaban el poder después de una recaída religiosa, por lo general guiaban al pueblo de Israel en ceremonias de renovación del pacto. Tanto los líderes como el pueblo escucharían nuevamente la ley, pedirían perdón por la desobediencia del pasado y se dedicarían de nuevo, otra vez a Dios y al pacto. Observamos estas renovaciones del pacto bajo líderes como Josué, Josías, Ezequías, Esdras y Nehemías. Así que, es más probable que Jeremías estaba describiendo una renovación del pacto entre Yahvéh y Su pueblo. En lugar de solo repetirle Sus leyes a Su pueblo, Él dijo: «Pondré mis leyes en la "mente" de ellos, y sobre su "corazón" las escribiré» (Heb. 8:10, énfasis añadido; ver Jer. 31:33). Sería el mismo pacto, pero lo enseñaría a un nivel más profundo.

En segundo lugar, la referencia es a la ley mosaica. El versículo que cité se refiere a «leyes» en plural. Esto, sin duda, significa los muchos mandamientos del Pentateuco. Lo que es nuevo no es el contenido de la ley, sino que ahora sería interna en lugar de externa: ahora el Señor la escribiría en sus corazones. Pero es el mismo conjunto de leyes. Otra evidencia de que se trata de la ley mosaica es que Jeremías se refiere al «... pacto que hice con sus padres el día que los tomé de la mano para sacarlos de la tierra de Egipto...» (Heb. 8:9; ver

Jer. 31:32). De nuevo, esto claramente se refiere a las leyes mosaicas dadas por Dios a Israel en el desierto después de sacarlos de Egipto.

En tercer lugar, el contexto de este pasaje es el enfoque del autor en los sacrificios y el sacerdocio. Hebreos 7–8 argumenta que Jesús es el nuevo Sumo Sacerdote y que Su sacrificio hace que los del templo ya no sean necesarios: «Porque tal sumo sacerdote nos convenía: santo, inocente, sin mancha, apartado de los pecadores, y hecho más sublime que los cielos que no tiene necesidad cada día, como aquellos sumos sacerdotes, de ofrecer primero sacrificios por sus propios pecados, y luego por los del pueblo; porque esto lo hizo una vez para siempre, ofreciéndose a sí mismo» (7:26-27). Así que el «primer» pacto mencionado en Hebreos 8:13 se refiere al sistema mosaico de sacrificios y sacerdocio, y ese es el que quedó obsoleto ahora que Cristo ha hecho Su sacrificio perfecto.

En cuarto lugar, notemos el tiempo en la segunda mitad del versículo: «… lo que se "da" por viejo y se envejece, "está" próximo a desaparecer» (énfasis añadido). Es tiempo presente. El sistema no se ha desechado aún por completo. En el capítulo 9 el autor habla de los sacerdotes que de continuo cumplían «… los oficios del culto» (v. 6). Parece que seguían ejerciendo en el templo al momento en que se escribió esta carta, por lo que probablemente fue escrita antes de la destrucción del templo en el año 70 d.C. El punto del autor es que Jesús, el Perfecto Sumo Sacerdote, abolió ambos, los sacrificios realizados en el templo y los sumos sacerdotes judíos.

El punto para nuestro propósito es que este versículo no hace caduco al pacto *abrahámico*. Solo el mosaico (en relación con los sacrificios de animales y con que los sacerdotes hagan esos sacrificios) ha sido trascendido. En lugar de denigrar el pacto básico (abrahámico) que Dios hizo con Israel, simplemente lo coloca en su nuevo contexto: el Mesías de Israel ha venido y ahora nos muestra el significado más profundo y el cumplimiento de la ley mosaica. Por esta razón, la implementación del pacto abrahámico se ha movido a una nueva etapa. Mientras que su aplicación a los judíos se mostró mediante la ley mosaica, ahora su aplicación para todo el mundo está siendo representada por la renovación de Jesús.

¿NO SEÑALA PABLO QUE PARA LOS CRISTIANOS LA LEY YA TERMINÓ?

En Romanos 10, Pablo declara que Cristo es «el fin de la ley» (v. 4). Muchos cristianos piensan que eso significa que Él trajo el fin de la ley y que ya no les es útil. Piensan que a esto se refería Cristo al señalar que vino a «cumplir» la ley (Mat. 5:17) y que cuando Pablo les declara a los romanos y a los gálatas que ya no están «bajo la ley», sino que deben «cumplir la ley de Cristo» (Rom. 6:15; Gál. 6:2), se refiere a que la ley del Antiguo Testamento ya no tiene valor para los cristianos.

Sin embargo, Pablo nunca estableció que Cristo nos libra de la ley. Señaló que Cristo nos libró de la carga de ser justificados por la ley (Gál. 5:4). En Romanos, él declara: «¿Luego por la fe invalidamos la ley? En ninguna manera, sino que confirmamos la ley» (3:31). En Romanos 8 escribe que Dios envió a Su Hijo y «... condenó al pecado en la carne; para que la justicia de "la ley" se cumpliese en nosotros...» (8:3-4, énfasis añadido). Así que la ley aún tiene un propósito en la vida cristiana. No nos salva ni justifica, pero sus requerimientos todavía son obligatorios. Ahora que tenemos el Espíritu podemos andar (mediante el poder del Espíritu) de acuerdo con esos justos requerimientos.

Cuando Pablo señala que Cristo es el «fin» de la ley, utiliza la palabra griega *télos*, que significa «propósito» o «meta». Jesús vino para mostrarnos el cumplimiento perfecto de la ley. Él también era la meta de ella. Su propósito era conducir a cada ser humano a unirse al Señor al refugiarse en Su Hijo. La ley nos muestra lo que es justo y así nos percatamos de nuestra injusticia. Por esta razón, buscamos misericordia y ayuda en el Hijo de Dios, quien tomó la «maldición de la ley» en Él para que nosotros pudiéramos recibir Su justicia (Gál. 3:13; ver también 2 Cor. 5:21). Él recibió el juicio de la ley que nosotros merecíamos y compartió con nosotros la santidad que es suya como la perfecta encarnación de la ley. Esto es otra forma de decir, como lo estableció Lutero, que Cristo toma nuestros pecados y se entrega a sí mismo.

Hay misterio y belleza en eso. Solo podemos comprender una pequeña parte, pero una cosa es clara: la ley obra en diferentes maneras antes y después de venir el Mesías. La ley parece distinta ahora porque Él nos ha enseñado su significado más profundo. A esto se refiere Pablo con «la ley de Cristo», la revelación del Mesías del verdadero significado de la ley. Pero notemos que sigue vigente para nosotros los creyentes: Dios envió a Su Hijo «... para que la justicia de la ley se cumpliese en nosotros...» (Rom. 8:4). La ley, señala Pablo, aún es «... santa, y el mandamiento santo, justo y bueno» (7:12).

Jesús expresa casi lo mismo: «No penséis que he venido para abrogar la ley o los profetas; no he venido para abrogar, sino para cumplir» (Mat. 5:17). La palabra traducida «para cumplir» es *pleróo*, que significa «interpretar el pasaje adecuadamente y practicar el significado del texto».[116] Para reforzar la permanente validez de la ley, Jesús añadió que «hasta que pasen el cielo y la tierra, ni una jota [la letra más pequeña en griego] ni una tilde [la puntuación más pequeña del hebreo] pasará de la ley, hasta que todo se haya cumplido» (Mat. 5:18).

Jesús y Pablo estaban de acuerdo. La ley tenía un nuevo significado ahora que el Mesías había venido. Él tomó su castigo sobre sí mismo y mostró el significado de perfecta obediencia. Él personificó la ley, era la Torá viviente e invita a los seres humanos a unirse a Él y a la Torá. Así como Él nunca pasará, la Torá tampoco lo hará porque son uno mismo.

¿NO DIJO JESÚS QUE SU CUERPO ES EL NUEVO TEMPLO Y QUE LA ADORACIÓN EN JERUSALÉN ES IRRELEVANTE?

Algunos cristianos como Ralph se preguntan si la actitud de Jesús hacia el templo y Jerusalén sugiere que Él consideraba que ambas eran reliquias del pasado. De acuerdo con esta perspectiva, Él alentó tal idea al señalar o señalarles a los habitantes de Judea que Su cuerpo sería el nuevo templo (Juan 2:21) y al explicarle a la mujer samaritana que la verdadera adoración no estaba restringida a Jerusalén, sino que se llevaría a cabo «... en espíritu y en verdad...» (Juan 4:21-23).

Richard Hays, un prominente estudioso del Nuevo Testamento, señala que Jesús cita la predicción de Isaías, donde se indica que el templo «... será llamada casa de oración para todas las naciones...» (Mar. 11:17; ver Isa. 56:7). Lo cual significa, según él, que Jesús está de acuerdo con la visión de Isaías de una «Jerusalén escatológicamente restaurada», en la que los extranjeros acudirán al santo monte de Dios para unirse a los «dispersos de Israel» a quienes el Señor «reúne» (Isa. 56:7-8).[117]

Hays añade que cuando Jesús menciona que Su cuerpo es el nuevo templo, no deberíamos tomar esto como si la Iglesia suplantara a Israel o como un «rechazo a continuar con Israel».[118] Hays cree que debemos entender la Biblia como si hablara en diferentes niveles al mismo tiempo. En este caso, debemos recordar que Jesús habló del templo de dos maneras (como la casa de Dios y como símbolo en donde Su propio cuerpo era la casa del Señor). De una forma similar, la verdadera adoración después de Jesús se lleva a cabo en todo el mundo; pero al mismo tiempo la Iglesia anhela el final de los tiempos cuando, de acuerdo a el Apocalipsis de Juan, Jerusalén será central. Los dos testigos yacerán muertos en la «... grande ciudad [...] donde también nuestro Señor fue crucificado» (Apoc. 11:8). Los 144 000 estarán de pie junto al Cordero sobre el monte de Sion (14:1). Después del milenio, Gog y Magog rodearán el campamento de los santos y «la ciudad amada» (20:9). La nueva Jerusalén que descienda del cielo (21:10) tiene el mismo título que aquella que fue hollada por las naciones (11:2): «ciudad santa».

Por supuesto, Apocalipsis es uno de los libros más simbólicos de la Biblia y no podemos estar seguros del significado de estos pasajes. Sin embargo, es claro que Jerusalén será importante en el futuro. Será una Jerusalén renovada con alguna conexión con la Jerusalén actual. Así como el cuerpo resucitado de Cristo mantuvo muchas de Sus características terrenales, incluyendo Sus heridas, también la futura Jerusalén, al final de los tiempos y en la nueva tierra, tendrá alguna conexión con la Jerusalén que conocemos.

¿LAS DISTINCIONES ENTRE JUDÍOS Y GENTILES CONTRADICEN LA VISIÓN NEO TESTAMENTARIA DE UNA IGLESIA UNIDA?

En el último capítulo señalé que Pablo buscaba que las distinciones entre judíos y gentiles permanecieran. También lo hizo el Concilio de Jerusalén, quien cuestionaba si los gentiles debían ser circuncidados y guardar la ley de Moisés (Hech. 15:1,5) y concluyó que no debían hacerlo. Pensemos en esto: ¿por qué los líderes judíos se lo preguntarían si pensaran que la venida del Mesías ya había librado a los judíos (¡a ellos mismos!) de este requerimiento? La respuesta obvia es que no habrían debatido este asunto a menos que como judíos continuaran pensando que estaban obligados a tales demandas, incluso si los gentiles no lo estaban. Si esto es verdad, ¿no socavaría la unión de la Iglesia esta distinción entre judíos y gentiles? ¿No iría en contra de la «... unidad del Espíritu en el vínculo de la paz» (Ef. 4:3)?

Bueno, no más que la distinción entre marido y esposa va en contra de esa unidad. Porque a ellos también, como ya señalé antes, se les asignaron diferentes roles en el matrimonio y quizás, incluso, en la Iglesia. Sin embargo, en la misma carta en que Pablo señala las diferencias en los roles de los esposos y las esposas (Ef. 5:22-33), exhorta a todos a ser solícitos «... en guardar la unidad del Espíritu en el vínculo de la paz» (Ef. 4:3). Para el apóstol, la unidad no significa que todos sean iguales. Es unidad a pesar de las diferencias, tal como Dios es uno y tres al mismo tiempo: unidad con diferencias.

La mayoría de los eruditos piensan que en Romanos 14 y 15 Pablo estaba animando a los judíos y a los gentiles en la iglesia de Roma a ser de «... un mismo sentir según Cristo Jesús» (Rom. 15:5). Tenían diferencias sobre la alimentación, ya que los judíos estaban restringidos a lo que era kosher y los gentiles no tenían tal restricción. Probablemente por eso Pablo señaló: «... uno cree que se ha de comer de todo; otro, que es débil, come legumbres» (14:2); y porque se debatía lo que era limpio y lo que era impuro (14:14). Sin embargo, Pablo no les dijo a los romanos que comieran de la misma forma. No les sugirió a los judíos que renunciaran a la comida kosher o a los gentiles a comenzar a comer alimentos kosher. En su lugar, les ordena no juzgarse unos a otros, a no ser de tropiezo para otros y a mantener su fe «... delante de Dios...» (14:22).

En otras palabras, los judíos no debían jactarse de sus reglas kosher y los gentiles no debían decirles a los judíos que esas reglas eran ridículas. En su lugar, «unánimes, a una voz» debían glorificar «... al Dios y Padre de nuestro Señor Jesucristo» (Rom. 15:6). Debían recibirse «unos a otros, como también Cristo nos recibió» (15:7). Debían mantener la unidad del Espíritu mientras servían al Mesías de maneras ligeramente diferentes, así como los maridos y las esposas debían servir al Mesías de formas distintas. Esta es la unidad a pesar de las diferencias, unidad y diversidad al mismo tiempo.

Esta representa una mayor unidad que cuando todos son iguales. Se requiere más del Espíritu para unificar una iglesia con diferencias. Pero también esto glorifica más al Señor.

¿ESTA NUEVA PERSPECTIVA IMPLICA QUE TODOS LOS JUDÍOS SON SALVOS?

Todo lo que he escrito sobre los judíos puede ser malinterpretado en diversas formas. Algunos lectores pueden pensar que estoy implicando que todos los judíos, sin importar su actitud hacia el Dios de Israel, son salvos. Pero Pablo declaró que «... no todos los que descienden de Israel son israelitas, ni por ser descendientes de Abraham, son todos hijos...» (Rom. 9:6-7). Él sabía que los profetas de Israel, con frecuencia, hacían distinción entre el remanente justo y el resto de Israel, trazando una línea entre aquellos fieles al Dios de Israel y quienes lo despreciaban. Incluso, los rabinos que enseñaban que «todos los israelitas tendrán parte en el mundo venidero» enumeraron diversas categorías de pecadores que no tendrían parte en el nuevo mundo.[119]

Pablo les dijo a los corintios que aunque los antepasados de Israel atravesaron el Mar Rojo y se alimentaron del milagroso maná, «... de ellos no se agradó Dios; por lo cual quedaron postrados en el desierto» (1 Cor. 10:5). Algunos eran «idólatras», otros practicaban inmoralidad sexual, provocando que 23 000 cayeran «en un día»; algunos, tentaron al Señor y «perecieron por las serpientes»; y otros «murmuraron, y perecieron por el destructor» (10:7-10).

El apóstol utilizó ese pasaje para advertir a los corintios que, incluso cuando eran miembros de la iglesia y participaban en los sacramentos, algunos de ellos podían caer (1 Cor. 10:12). Así como no todos en la Iglesia visible serán salvos, no todos en el Israel visible estarán con el Dios de Israel para siempre.

Ralph ha llegado a comprender que estos pasajes no socaban su nueva perspectiva sobre el sionismo cristiano. Se ha percatado de que sus propios prejuicios le impidieron hacer una conexión entre el pacto con Abraham, la renovación del pacto perpetrada por Jesús y el futuro de Israel.

Ralph entiende que si esta nueva perspectiva es correcta, otras cosas de su vida cristiana deben cambiar; por ejemplo, la forma en que lee e interpreta la Biblia y su forma de pensar sobre la historia de la Iglesia, el conflicto palestino-israelí y sus amigos judíos.

Eso nos conduce al siguiente capítulo.

8

Si todo esto es verdad, ¿entonces qué?

En los últimos diez años, aunque he ido a Israel por diversas razones, también he guiado cinco viajes acompañando a mi pastor principal, Mark Graham, cuyo entendimiento de la fe cristiana ha sido transformado en diferentes maneras. Su experiencia sugiere algunas formas en las que estas nuevas (¡aunque realmente viejas!) perspectivas sobre Israel deben transformar también nuestra forma de pensar.

LEER E INTERPRETAR LA BIBLIA

Primero, Mark señaló que su experiencia modificó la manera en que traducía e interpretaba la Biblia. Comenzó con un simple e importante cambio: leer la palabra «Cristo» en el Nuevo Testamento como «Mesías».

Mark me dijo: «Me recordaron que este es el verdadero significado de la palabra griega *Jristós*. Me ayudó a reforzar la profunda conexión entre el Nuevo Testamento y su trasfondo judío. Ahora, cuando predico frecuentemente sustituyo la voz "Mesías" por "Cristo". Mis feligreses comentan que esto marca una gran diferencia para ellos. Lo judío de Jesús y la iglesia primitiva se hace más real para ellos».

Él también ha cambiado la forma en que predica sobre el Evangelio de Juan, valorado por algunos eruditos como antisemita debido a sus muchas condenaciones contra «los judíos». Pero cuando Mark lee el texto de Juan en un sermón, ahora utiliza la palabra «judeanos» en lugar de «judíos» siempre que el griego *(Ioudaíos)* y el contexto así lo sugieren. En la mayoría de las ocasiones, esto hace que el texto cobre más sentido. Por ejemplo, en la versión Dios Habla Hoy Jesús expresa: «... ninguno de ustedes la obedece [la ley]. ¿Por qué quieren matarme?» (Juan 7:19). ¿Estaba Él afirmando que ningún judío obedecía la ley? Esta traducción, y la mayoría, lo sugieren. Pero consideremos el contexto. Al inicio del capítulo, Juan señala: «Después de estas cosas, andaba Jesús en Galilea; pues no quería andar en Judea, porque los judíos [judeanos] procuraban matarle» (7:1). Él permaneció con los judíos en Galilea porque los líderes, 145 kilómetros al sur, querían matarlo. En otras palabras, en el versículo 19, Jesús no se refería a todos los judíos, sino solo a los líderes judíos de Judea. Cuando traducimos el griego como «judeanos», la idea es que Juan no se refería a todos los judíos en general, sino a los líderes a cargo del templo (y esto es lo que el griego sugiere); entonces, el tono del Evangelio cambia. No todos los judíos se oponían a Jesús, sino solamente algunos de sus líderes. Después de todo, Juan escribe sobre uno de ellos, Nicodemo, quien buscó a Jesús de noche porque le admiraba (3:1-15). Mark ahora pregunta: «¿por qué Juan condenaría de continuo a todos los judíos si él y todos los apóstoles lo eran? ¿Y cómo sabemos que existían hostilidades entre los líderes del templo en Judea y los judíos en Galilea, despreciados por la mayoría de los habitantes de Judea? Solo es lógico que la crítica de Juan fuese dirigida a los líderes de Judea, no a los judíos en general, especialmente ahora que me he percatado de que la misma palabra griega se utiliza para ambos. Así que, el contexto debe determinar en qué forma traducimos esa palabra griega».

Mark ahora comienza a percatarse de nuevos matices judíos en los Evangelios, como las franjas de Jesús. Él le explica a su congregación que cuando la multitud buscaba «...tocar siquiera el borde de su manto...» (Mar. 6:56), ellos realmente buscaban tocar las franjas de Su manto de oración que cada hombre judío debía usar en obediencia al mandamiento del Antiguo Testamento (Núm. 15:37-41). Estas franjas representaban la autoridad o el poder de quien las usaba y estaban asociadas a la sanidad.[120] Por esta razón, la multitud buscaba tocarlas.

Esto también ha transformado la actitud de Mark y su concepto de la ley. Cuando predica sobre un pasaje que la aborda, le dice a su congregación que la ley era (¡y es!) una fuente de gozo para los judíos, quienes no la consideran una carga. En ocasiones cita a Dietrich Bonhoeffer, el mártir luterano que declaró que los cristianos no pueden comprender el Antiguo Testamento hasta que se percaten de lo que el salmista quiso decir cuando escribió: «¡Oh, cuánto amo yo tu ley! [...]» (Sal. 119:97). Mark le recuerda a su grey que Jesús declaró que no vino a abolir la ley, sino a cumplirla y que ni el más pequeño signo de puntuación de ella pasará antes de que el cielo y la tierra pasen (Mat. 5:17-20). También informa que la «ley» no es la mejor traducción para la palabra hebrea *torá*, sino que es mejor traducirla como «enseñanza».

«Disfruto enseñarle a mi iglesia toda la majestad del Antiguo Testamento mientras este revela al Mesías. Les recuerdo que Jesús les dijo a Sus discípulos en Emaús que Él era el verdadero significado de "todas las escrituras", no solo de Moisés y los profetas (Luc. 24:27)».

Como resultado, Mark ahora predica con mayor frecuencia sobre el Antiguo Testamento. «Guie a la congregación en un estudio de doce semanas sobre el Libro de Levítico. He predicado por 30 años y esta era la primera ocasión en que he hecho más que solo *mencionar* Levítico. ¡Transformó a la iglesia! Las personas que se quejaban en un principio pensando: "¿Levítico, estás bromeando?", al final exclamaron: "¡Levítico, queremos más! Este ha sido el mejor estudio que hemos escuchado"».

Mark recientemente decidió que como el Antiguo Testamento comprende 75 % de la Biblia, le dedicaría al menos la mitad de sus sermones.[121] Esta porción, valorada por sus profesores del seminario como el centro de las predicaciones de Jesús, le ha dado una mayor perspectiva sobre el reino de Dios.

«He comprendido que eso es verdad, pero ahora veo el reino de una forma por completo diferente. En el seminario me enseñaron que esto es algo interno en la mente de los creyentes. Ahora me doy cuenta de que también es algo visible que vendrá, un pueblo veraz en el mundo real. Será un mundo renovado con Israel en su centro. Cristo será Rey, pero será mucho más que un simple e invisible gobierno de Él en las mentes y las almas del mundo. Eso significa que cuando leo las profecías del Antiguo Testamento sobre el reino, ahora veo que señalan no solo a Jesús reinando en los corazones de los creyentes hoy, sino también a un reino futuro que incluye a un Israel renovado». La conexión entre el reino en el Antiguo y en el Nuevo Testamento ha provocado que Mark reconsidere la relación entre ambos. «El Antiguo Testamento era la Biblia de Jesús. He escuchado de muchos eruditos que los rabinos enseñaban Levítico como la clave para todo el Testamento. Era el primer Libro que explicaban a los niños. Así que comencé a estudiarlo y después a enseñarlo a mi iglesia».

«Descubrí que el común denominador de dicho libro era la santidad, *cadósh* en hebreo, que significa "poner aparte". Quizás, entonces, este es el misterio interno de la Biblia. Cristo es el Hijo puesto aparte, cuya vida y muerte aparta a un pueblo. El significado más pleno de Su santidad y, por tanto, el misterio más profundo que es Dios Su Padre, es mostrado en los sacrificios que dominan la primera sección del Libro de Levítico».

«Aquí es donde comencé a percatarme de una unión entre ambos Testamentos. El Libro de Hebreos señala que la ley es de las cosas celestiales (10:1) y que los sacrificios prescritos por la ley son imágenes del patrón celestial (9:23)».

«Pero, por qué tantos y tan diferentes sacrificios? Como un erudito señaló, así como ninguna imagen de un texto de anatomía y fisiología pueden capturar toda la complejidad de un organismo viviente, tampoco una sola descripción del sacrificio de Cristo puede comenzar a describir la profundidad y la complejidad de lo que sucedió en el Calvario».

«Así que los sacrificios nos muestran una dimensión distinta de la expiación de Cristo. Había ofrendas que se quemaban, ofrendas de alimentos, de paz, de purificación y otras. Cada tipo y sacrificio ilustraba una bendición específica que señalaba la entrega final en la cruz».

«Así que Levítico era solo uno de los libros del Antiguo Testamento (y el menos esperado) para encontrar el verdadero significado de

Cristo y Su redención. En lugar de solo profesar a un futuro Mesías, nos muestra el significado más profundo del mismo. Como señaló Agustín: "En el Antiguo Testamento está escondido el Nuevo Testamento"».

Cuando Mark se percató de la abrumadora importancia de la tierra para los autores del Antiguo Testamento (ver capítulos 4-5), comprendió nuevas cosas sobre la Biblia y sobre el Señor. «Me sugiere que la doctrina de la encarnación se encuentra en toda la Biblia. Con esto me refiero a que Dios viene a la materia y la llena. Por supuesto que la única encarnación plena es Jesús, Dios en la materia de un cuerpo humano y en una persona».

«Pero la presencia especial del Señor en la tierra de Israel me muestra que Él cumple Sus promesas en una tierra real, sólida y concreta. Así como prometió el envío de Su Mesías y lo hizo, también prometió el regreso de Su pueblo a la tierra. ¡Y lo hizo!».

«Ahora, existe otra promesa relacionada con que la tierra de Israel tendrá un rol especial en el nuevo cielo y en la nueva tierra. Pensar que Dios cumplió las otras, pero no cumplirá esta, o que el Israel actual no tiene ninguna relación con las promesas bíblicas, parece que es no tomar la Escritura en serio».

Mark solía pensar que las promesas sobre la tierra solo eran por un tiempo, así como las porciones judiciales de la ley mosaica lo eran, aplicables solo cuando Israel era una teocracia. Él asumía que esto constituía una parte de lo señalado en Hebreos 8:13 (el primer pacto era obsoleto). Pero se percató de que este versículo se refiere al sistema de sacrificios de la ley de Moisés, que terminó con la destrucción del templo en Jerusalén en el año 70 d.C. «Existe evidencia de que esta carta fue escrita antes del año 70, cosa que tiene sentido porque el resto del versículo menciona que este pacto con su sistema de sacrificios "está próximo a desaparecer"».

«El único pacto "próximo a desaparecer" para el autor de Hebreos era aquel que el definitivo y perfecto sacrificio de Jesús ahora hizo obsoleto. Por tanto, este versículo está hablando del pacto mosaico con sus sacrificios, no del pacto con Abraham y sus descendientes. Pablo dijo que el pacto abrahámico era "irrevocable" (Rom. 11:28-29)».

Mark, añadió: «Además, me he percatado de que los sacrificios, que nunca se mencionan en las promesas originales hechas a Abraham, constituían una señal del pacto con él. Pero la tierra era parte del pacto inicial. Dios le prometió dos cosas eternas al patriarca: la descendencia y la tierra, y por supuesto, serían perpetuas, (Gén. 17:7-8)». Como observamos en el capítulo 4, el pueblo de Israel fue exiliado de la tierra en dos ocasiones cuando quebrantaron los términos del pacto; sin embargo, nunca perdieron el derecho a ella. Los profetas señalaron que aún les pertenecía, incluso cuando estaban en el exilio. Ambos testamentos contemplan la restauración de los judíos a la tierra.

Mark también señaló: «Observo que no puedo hablar o pensar sobre el pacto de Dios sin también pensar en la tierra. Le enseño a mi congregación a rechazar el gnosticismo, la idea de que el Señor solamente está interesado en nuestras almas y no en nuestros cuerpos. Bueno, aquellos que rechazan la importancia de la promesa de Dios de darle una tierra a Israel "en heredad perpetua" (Gén. 17:8) quizás se aferran a otro tipo de gnosticismo en el que las promesas eternas de Él sobre una tierra en particular no son sobre una tierra en particular o que deben entenderse solo espiritualmente».

LA HISTORIA DEL CRISTIANISMO

Los cinco peregrinajes de Mark a Israel han hecho que reconsidere la historia de la iglesia que le enseñaron en el seminario. Ahora se percata de que la mayoría de los grandes teólogos que él estudió estaban equivocados sobre esta nación. Muchos, creían que la Iglesia había reemplazado a Israel y que el Israel histórico se había perdido para siempre. Dios había transferido el pacto del Israel judío hacia la Iglesia gentil.

En ocasiones se pregunta cómo sería la historia si esos teólogos hubieran comprendido lo que Pablo enseñó en Romanos 11: que Dios aún amaba a Israel, incluso después de haber provocado un endurecimiento momentáneo en ellos, conduciéndolos a rechazar al Mesías para el bienestar de los gentiles (11:25-29). ¿Y si Juan

Crisóstomo lo hubiera comprendido? ¿Qué habría sucedido si él se hubiera percatado de que Israel estaría en el centro de la tierra renovada en una era venidera? Quizás los que fueron profundamente influenciados por él, como Lutero, también se habrían refrenado de sus ataques contra los judíos. lo cual hubiera podido salvar muchas vidas judías entre las miles que durante siglos fueron consideradas asesinas de Cristo por quienes iban a las iglesias. Incluso podría haber evitado la ola antisemita que se convirtió en un tsunami en la Alemania de Hitler.

Mark y yo hemos discutido los credos. Son regalos preciosos para la Iglesia que proveen reglas de fe para interpretar la Biblia; pero carecen del rol israelita como vehículo esencial para la salvación del mundo. Israel ni siquiera es mencionado en el Credo de los apóstoles ni en el de Nicea. Estos nos conducen directamente desde la creación hacia la redención a través de Jesucristo. Aunque Israel está implícito en el Credo de Nicea al mencionar a «los profetas», no existe otra mención de la historia ni de este pueblo. Tal omisión sugiere que Israel no es necesario para la salvación. Sin embargo, Jesús declaró: «... la salvación viene de los judíos» (Juan 4:22) y María habló de la redención de su hijo en términos de salvación para y a través de Israel. En el Magníficat, ella señala que el Señor «socorrió a Israel su siervo, acordándose de la misericordia de la cual habló a nuestros padres» (salvación para Israel) y que «... desde ahora me dirán bienaventurada todas las generaciones [debido al cumplimiento de la promesa hecha a] [...] Abraham y a su descendencia para siempre» (Luc. 1:48,54-55).

Deberíamos ser cuidadosos al cambiar uno de los mayores credos sin un consenso casi universal entre las iglesias cristianas. Sin embargo, podría ser de ayuda hablar de la total omisión de Israel en el Credo de los apóstoles y de su inclusión solo implícitamente en el Credo de Nicea: «Creo en el Espíritu Santo [...] que ha hablado a través de los profetas». ¿Qué impactos podrían haber tenido estas omisiones en la posterior teología de la suplantación? Al menos, pastores y maestros deberían explicar que «los profetas» en el Credo de Nicea es una abreviación para los profetas judíos y la revelación divina a través de Israel.

¿Y qué hay de la liturgia? Mark se pregunta por qué durante siglos se ignoraron las lecturas del Antiguo Testamento en las lecciones dominicales. ¿Por qué hoy se evitan muchos libros del Antiguo Testamento, como Levítico y Proverbios? ¿Por qué tan pocos pastores predican sobre el Antiguo Testamento y por qué muchos de ellos sugieren a sus iglesias que el Dios del Antiguo Testamento es diferente al Padre de Jesús?

Mark desea que más personas se percaten de las profundas raíces judías de las liturgias cristianas, especialmente la Santa Cena.

TEOLOGÍA

Mark piensa en cómo todo esto también afectaba la teología sistemática. Cuando Israel era parte de la historia, siempre era como el clásico fracaso que mostraba la necesidad de Jesús. Israel había fallado y el Señor, en su desesperación, se había rendido. Así que se había vuelto a los gentiles a través de Jesús y Pablo, y de alguna forma los gentiles fueron mucho mejores en la nueva historia. Ellos aceptaron a aquel Jesús que los judíos rechazaron. Por supuesto, no todos los gentiles lo hicieron, pero la impresión que Mark percibió fue que Israel, en general, había rechazado a Jesús. Mark desea que sus profesores de Biblia y teología le hubieran hablado de los muchos «sacerdotes» que «obedecían la fe» (Hech. 6:7) y de los «millares de judíos» que creyeron en Jerusalén y aceptaron a Jesús como su Mesías (Hech. 21:20). Desea que le hubieran señalado que Pablo insistió en que Dios no había rechazado a Su pueblo (Rom. 11:1) y que Él todavía amaba a los judíos no mesiánicos (Rom 11:28).

Si los teólogos en su seminario hubieran observado estas cosas, quizás no habrían sugerido que la ley y el evangelio se oponían entre sí. O si la gracia y la ley fueran en realidad diferentes, como Juan sugiere en su Evangelio (1:17), ellos habrían sido capaces de conectar eso con la sugerencia de Juan de que Jesús era la personificación de la ley (1:1,14; 5:46; 8:58). En otras palabras: pasaron por alto las implicaciones bíblicas de que la gracia era la ley en el propio cuerpo de Jesús, con poder para dar cumplimiento a la ley. Pablo lo estableció de esta forma: Dios envió a Su Hijo en la carne para hacer lo que la ley en sí mismo no podía realizar, «[…] para que la justicia de la ley se cumpliese en nosotros» (Rom. 8:3-4). Eso es gracia: la personificación de la ley (Jesús) cumpliendo la ley en nosotros y a través de nosotros.

Mark ahora comprende la conexión entre la gracia y la ley, a partir de su nuevo entendimiento de la ley israelita. No se oponía a la gracia ni a Jesús, sino que era la preparación para Su venida, que Jesús mismo inspiró, y que luego Él explicó en la encarnación.

Uno de los maestros de Mark en el seminario estaba mejor informado sobre lo que el Nuevo Testamento enseña de Israel. Él creía que de alguna forma misteriosa, Dios aún honraba Su pacto con esta nación y que la Iglesia no lo había reemplazado. Sin embargo, no veía la importancia de la tierra. Como la mayoría de los teólogos, pensaba que la tierra era significativa solo en tiempos del Antiguo Testamento y que había sido reemplazada por la promesa de un mundo para los gentiles que creyeran en Jesús en la era del nuevo pacto.

Añadiría que esta es la norma en la teología cristiana actual. Mientras el patrón de ambos Testamentos es que Dios salva al mundo (lo universal) a través de Israel (lo particular), la mayoría de los teólogos declaran que el patrón cambia en el Nuevo Testamento. Dejan fuera lo particular. Es decir, declaran que el particular pueblo judío y su tierra ya no son importantes para el Señor. Él ya no es el Dios de Israel, ya no tiene una relación especial con el pueblo escogido y la tierra no es más importante para Él que la de Canadá.

No obstante, si esto es así (yo no lo creo), sería inconsistente con lo que he argumentado como un patrón en ambos testamentos: El Señor alcanza lo universal a través de lo particular. Él primero se dirigió a Abraham, el padre de Israel, y le indicó que a través de él y su descendencia (lo particular) todas las familias de la tierra (lo universal) serían bendecidas. Los profetas enseñaron que Israel (lo particular) fue llamado por Dios para ser luz a las naciones (lo universal).

El patrón es el mismo en el Nuevo Testamento. Jesús señaló: «… la salvación viene de los judíos» (Juan 4:22). Simeón indicó que

Jesús sería «... gloria de tu pueblo Israel» (Luc. 2:32). Después que Pedro proclamó que Jesús de Nazaret era el «Mesías» de Israel, también dijo que «[...] no hay otro nombre bajo el cielo, dado a los hombres, en que podamos ser salvos» (Hech. 4:10,12). En otras palabras: la salvación ha venido a los hombres y a las mujeres a través del Mesías judío, el israelita perfecto, el de Nazaret, Israel, quien un día glorificará a este pueblo. Una vez más, la salvación viene al mundo (lo universal) a través del Mesías israelita (lo particular).

Sin embargo, para muchos de los teólogos actuales falta lo particular. No se percatan de que Jesús es el Mesías de Israel. Él es llamado el «Cristo» y esto, para la mayoría de los cristianos, oculta que la raíz de este término proviene de Israel. La mayoría de los teólogos cree que las distinciones nacionales y las diferencias entre judíos y gentiles fueron eliminadas por Jesús y la Iglesia después de Su resurrección, lo cual dio como resultado que las disimilitudes judías se perdieran en un mar de uniformidad gentil. Pero en el Libro de Apocalipsis las puertas de la nueva Jerusalén tienen inscritos los nombres de las doce tribus de los hijos de Israel (Apoc. 21:12). En el cielo, los santos se distinguen según su tribu, lenguaje y nación (5:9). Los 144 000 provienen «de todas las tribus de los hijos de "Israel"» (7:4).

Así que la particularidad de los pueblos, las naciones y los lenguajes es preservada por el Nuevo Testamento. También lo es la identidad de los judíos como miembros de las tribus de los hijos de Israel (Jacob). Pero la mayoría de los teólogos de hoy han eliminado estas distinciones. Para ellos, el futuro de la redención tiene la belleza de lo similar, una homogeneidad más característica de la Ilustración del siglo XVIII que de la Biblia. Sin embargo, el futuro del mundo como lo representan la Escritura, conserva una diversidad divina, en la cual los hombres y las mujeres mantienen sus diferencias sexuales, así como sus identidades lingüísticas y étnicas. Los judíos aún son así. Esta es la hermosura bíblica del pluralismo de Dios, mucho más variado, diverso e interesante que las aburridas igualdades de nuestra actual cultura políticamente correcta. Hoy las teologías también acostumbran a acentuar lo individual a expensas de lo social. Como la mayoría de las perspectivas cristianas afirma que las identidades étnicas, nacionales y lingüísticas no existen en el mundo venidero, hacen énfasis en el alma individual que se asemeja a una víctima de los imperios totalitarios forzada a renunciar a lo que la hace diferente. Pero la *verdadera* escatología bíblica será un federalismo espiritual en lugar de un gobierno mundial. Naciones, pueblos y tribus de diferentes lenguajes serán una amigable sociedad amorosa. Conservarán sus diferencias (judíos y gentiles, mujeres y hombres, naciones y pueblos), pero disfrutarán de unidad en el Espíritu en el vínculo de la paz.

Los pastores que predican teología del pacto necesitan reconsiderar el significado de Israel. En las últimas décadas muchos libros, artículos y sermones se han enfocado en el pacto de Dios con la creación, especialmente con el mundo físico.[122] Los teólogos cristianos han señalado, con acierto, que el mundo venidero no será un cielo inmaterial en donde vivamos sin un cuerpo. En su lugar, viviremos en una tierra renovada con cuerpos como el de Cristo después de Su resurrección. En otras palabras: El Señor guardará Su promesa de redimir a la tierra y a nuestros cuerpos, así como a nuestras almas. Si Dios lo hará, ¿qué hay de Su promesa de mantener a Israel como una tierra especial? ¿Y qué hay del mundo renovado de Isaías 2 y en otros pasajes que señalan a Israel en el centro de la tierra renovada? En estas profecías, sin duda, existirá un mundo renovado para que los redimidos lo disfruten, pero viajarán cada cierto tiempo a su centro, Israel, para aprender.

Hay otra pregunta para la teología cristiana. Si la resurrección de Jesús es el primer fruto de la que vendrá, ¿qué hay de la actual restauración de la tierra de Israel al pueblo escogido? ¿Podría ser el primer fruto de lo venidero? No estoy señalando que el actual estado de Israel es necesariamente el último o que la situación de los palestinos no necesita mejorarse. Pero quiero recordarles a los lectores la profecía de Ezequiel sobre los huesos secos que poco a poco recobraban la vida. La imagen que se nos presenta es la de un proceso gradual. Recordemos también que la mayoría de los eruditos concuerda con que esta profecía se refiere a todo el pueblo de Israel y no a individuos. Sugiero que la teología debe considerar la posibilidad de que el milagroso retorno de los judíos desde todas partes del mundo en los últimos 150 años y la reciente consolidación del Estado podría ser el primer fruto de la restauración de Israel que Jesús y los apóstoles dijeron que vendría en el futuro.

También existe otra propuesta. Quizás este reciente surgimiento de Israel como Estado nación, incluso con todas sus fallas e imperfecciones, es el primer fruto del resurgimiento de *las naciones*. Esa es la renovación que hemos señalado: no un mundo de almas idénticas, sino un mundo futuro de santos «... de todas naciones y tribus y pueblos y lenguas...» (Apoc. 7:9). Si los judíos continuarán siéndolo, las personas de diferentes naciones gentiles también conservarán sus identidades. Todos seremos renovados, como individuos y como naciones.

CONSIDERACIONES SOBRE EL CONFLICTO ENTRE ISRAELÍES Y PALESTINOS

Los cinco viajes de Mark a Israel, además de su reciente aprendizaje sobre la importancia de esta nación en la Biblia, le han otorgado una nueva perspectiva sobre el conflicto político de Israel. Me ha preguntado más de una vez, en varias ocasiones sobre mi opinión de este conjunto de problemas. Le contesté que he llegado a tres conclusiones.

Primero: tanto judíos como árabes necesitan compartir cierto grado de responsabilidad por el estancamiento actual. Aquellos podrían decir correctamente que les compraron a estos parte de la tierra que ahora poseen. Otras fueron ganadas por los judíos en las guerras que los árabes iniciaron (las guerras de 1948 y 1967).[123] Los judíos no están equivocados al declarar que han redimido la mayor parte de la tierra al hacerla productiva y en el proceso han creado muchos empleos tanto para ellos como para los árabes. Pero también deben reconocer que la tierra que antes era propiedad de estos últimos ahora es propiedad de los judíos. Deben comprender que a los árabes les duele que sus antepasados hayan vendido las tierras que pertenecían a sus familias. Y los árabes que no tienen responsabilidad alguna por las guerras de 1948 y 1967 sienten cierta pérdida de dignidad, incluso cuando sus antepasados iniciaron esas guerras que condujeron a la pérdida de territorio.

Asimismo, los árabes necesitan reconocer que el dolor que sienten debido a la pérdida de territorio fue causado por guerras y terrorismo que los mismos árabes iniciaron. Deben recordar que su propia autoridad palestina controla la mayor parte del Banco Oeste, que Hamas controla todo Gaza y que los árabes poseen tierras en todo Israel. Han perdido algunas porciones debido al muro que se construyó entre el Banco Oeste y partes de Israel. Eso sin duda ha sido doloroso. Pero deberían reconocer que el muro nunca habría sido construido si no fuera por continuos ataques terroristas de los árabes hacia la población civil israelí y que ese muro redujo significativamente esos ataques.

Segundo: los cristianos deben cuidarse de imponer sus teologías personales en este conflicto tan complejo. Precisan estudiar bastante antes de exponer lo que «debería» hacerse, lo cual significa investigar más allá de lo superficial en la historia de la región, desde los tiempos de Josué. También requiere leer los registros de los mejores historiadores de cada parte en conflicto. Así que, por ejemplo, supone, leer *One State, Two States: Resolving the Israel / Palestinian Conflict* [Un estado, dos estados: Resolviendo el conflicto entre palestinos e israelitas] de Benny Morris para entender la perspectiva judía y *Iron Cage: The Story of the Palestinian Struggle for Stathood* [Jaula de hierro: La historia de la lucha palestina por un estado] de Rashid Khalidi para entender la perspectiva de los árabes palestinos.

También deberían considerar estos datos poco conocidos.

1. Israel se ha comprometido en diversas ocasiones a ceder tierras a fin de obtener paz. El gobierno regresó 90 % de lo que habían ganado en la guerra de 1967 como resultado de los acuerdos de *Camp David* de 1978-79, en donde cedieron la península del Sinaí, que es rica en minerales. Con posterioridad, en el año 2005, Israel cedió todo Gaza al control palestino, con la esperanza de que esto proporcionara nuevos incentivos para una paz duradera. En lugar de ello, Hamas fue rápidamente elegido para gobernar Gaza y comenzó a disparar misiles a los ciudadanos israelitas a través de la frontera.

2. El muro ha ocasionado sufrimiento a los palestinos. Como hemos mencionado, despojó a los árabes de parte de su territorio, lo que provocó la pobreza a algunos. Pero también ocuparon 486 hectáreas cerca de Jerusalén que les pertenecían a judíos que las habían comprado antes de 1948.[124]

3. Frecuentemente escuchamos sobre miles de palestinos que viven en campos de refugiados después de la guerra de 1948. Lo que no escuchamos es que estos sitios no habrían sido necesarios si los países árabes vecinos hubieran aceptado a sus compañeros árabes, tal como lo hizo Israel con 800 000 judíos que fueron desterrados de países árabes en 1948. Estos vecinos árabes creyeron más conveniente, para fines propagandísticos, mantener estos campos activos como una forma de recordarle al mundo lo que ellos consideran una injusticia israelita.

4. La teología musulmana ha jugado un papel en este conflicto. El Corán predice que los judíos serán pobres y miserables mientras estén dispersos por el mundo.[125] Tal predicción es opuesta a un próspero estado de Israel en medio de países musulmanes. Sorprendentemente, el Corán también menciona que Dios le otorgó la tierra de Israel a los judíos: «Faraón intentó ahuyentar [a los israelitas] de la tierra [de Israel]. Pero Nosotros [Alá] lo ahogamos [al faraón] junto a todos los que le acompañaban. Entonces, Nosotros [Alá] le dijimos a los israelitas: "Mora en esta tierra [la tierra de Israel]. Cuando la promesa de venidero [el final de los tiempos] sea cumplida, Nosotros [Alá] los reuniremos [en la tierra de Israel]"» (Corán 17:103-4). Y al menos un líder musulmán concuerda: «El Corán reconoce la tierra de Israel como heredad de los judíos y explica que, antes del juicio final, los judíos regresarán a morar en ella. Esta profecía ya se ha cumplido».[126]

Tercero: existe una razón por la que Israel nunca está alejado de los encabezados. De alguna forma misteriosa, la Escritura sugiere que todas las naciones son juzgadas por la forma en que tratan a Israel. En otras palabras: están conectadas a Israel lo sepan o no. Isaías escribió que Egipto y Asiria serían un día bendecidas por Israel (19:23-25). Podemos pensar que cuando eso sucedió, o cuando eso suceda, muchos egipcios y sirios no conocieron, o no conocerán, la fuente de tal bendición. Zacarías declaró que el Señor hizo de Jerusalén una «... copa que hará temblar a todos los pueblos de alrededor...» (12:2). Se nos indica que Israel es un testigo para los pueblos y las naciones (Isa. 43:9-10). Quizás eso ayuda a explicar la promesa de Dios a Abraham, el padre de Israel: «[...]. Bendeciré a los que te bendijeren, y a los que te maldijeren maldeciré...» (Gén. 12:2-3).

No pretendo entender todo esto. No significa que Israel hace todo bien o que debemos evitar criticarlo cuando hace algo malo. Pero sí quiero decir que de una forma misteriosa, el Señor utiliza a Israel como una prueba para las naciones del mundo. Karl Barth, quizás el teólogo más influyente del siglo xx, parece haber reconocido esto. Como lo señaló Carys Moseley, su argumento era que «"cualquier" régimen nacional que se oponga a la existencia de Israel como nación no tendrá buenos resultados a largo plazo».[127]

LAS RELACIONES CON ISRAEL Y CON NUESTROS AMIGOS JUDÍOS

Como yo, Mark comprende que no es antisemita criticar a Israel. «Al leer diarios israelíes en inglés, me he percatado de que los judíos critican a su gobierno todo el tiempo. Y eso es una de las cosas maravillosas sobre Israel: que sus ciudadanos, tanto árabes como judíos, con frecuencia juzgan al gobierno sin miedo a ser encarcelados». Los palestinos en el Banco Oeste y en Gaza, en donde ellos gobiernan, no se atreven a criticar a sus líderes abiertamente, pues han sido testigos de las torturas y de los encarcelamientos que derivan de ello.

A Mark le perturba la doble moral que ha observado en la prensa mundial. «Frecuentemente la prensa critica con severidad a Israel por su supuesto trato injusto hacia los palestinos, incluso cuando tienen más libertad y un mejor estándar de vida que sus primos palestinos que viven en otros países árabes. ¿Por qué no escuchamos de los dos gobiernos palestinos que torturan y encarcelan a quienes los critican?

¿O de las persecuciones de los palestinos musulmanes hacia los palestinos cristianos? ¿O de que Irán mata a los disidentes en su país y patrocina a terroristas en todo Medio Oriente? ¿O que Corea del Norte encarcela y mata a los cristianos?».

Mark ha concluido que los cristianos necesitan más humildad cuando piensan en Israel y en su trato hacia las minorías. «¿Cómo podemos criticar a Israel cuando nosotros los americanos tenemos tantos problemas con nuestras minorías y nunca hemos tenido que luchar diariamente contra el terrorismo?».

«Los cristianos también debemos ser más humildes cuando hablamos con nuestros amigos judíos. Los gentiles no tenemos familiares que hayan muerto en el holocausto. No debe sorprendernos si nuestros vecinos judíos no se sienten cómodos con palabras como "cristiano", "iglesia" o "evangelio", porque les recuerdan a las personas del país más cristianizado de Europa, quienes asistían a la iglesia los domingos y los lunes mataban judíos. No debe asombrarnos que no puedan comprender por qué los cristianos adoran a un hombre, cosa que a ellos se les ha enseñado es idolatría. En su lugar, debemos recordar que nuestro Salvador era y es un judío y, de acuerdo con el Nuevo Testamento, aún tiene un cuerpo judío en el cielo» (Luc. 2:21; Hech. 1:9-11).

Mark incluso sugiere que los cristianos tenemos mucho que aprender de los milenios de piadosos rabinos judíos que reflexionaron con gran reverencia y profundidad en la misma Escritura que hoy nosotros estudiamos, ese 75 % de la Biblia que los judíos llaman el Tanaj y los cristianos conocemos como el Antiguo Testamento. «No concuerdo con ellos sobre la identidad de Jesús, pero en la mayoría de sus escritos esa no es la cuestión. Cuando ellos escriben sobre el Señor en los salmos, por ejemplo, revelan lo que para mí son hermosos aspectos del Dios de Israel, el Dios a quien Jesús oraba».

Para Mark, la palabra clave es humildad. Los cristianos debemos aproximarnos a Israel y a nuestros amigos judíos con más humildad de la que los cristianos han mostrado en el pasado.

9

Seis propuestas

Si has viajado conmigo hasta este punto, tal vez has comenzado a reconsiderar lo que has asumido sobre Jesús y el cristianismo. ¿Estás preparado para ahondar un poco más? Considera lo que este libro ha mostrado sobre Israel, que simplemente es lo que la Biblia señala al respecto, y cómo influye en los principales temas de teología, incluyendo al Señor, la salvación, la Trinidad, la Iglesia, la escatología y más.

Ya he hablado sobre Dios, la Trinidad y la salvación. En resumen: Dios es quien la ofrece a todos a través de Israel, tanto de su gente (personificadas en el israelita perfecto, Jesús) como de su tierra, no solo en el pasado, sino también en el presente y en el futuro. La Trinidad contiene a un hombre judío que permanece como tal hasta este momento. La Iglesia continúa, sigue estando (no solo en el pasado) compuesta por creyentes judíos y gentiles unidos por el Mesías, que sirven al Mesías de formas ligeramente diferentes.

Ahora, aquí es donde profundizaremos un poco más: quisiera concluir este libro con seis propuestas de cómo debe Israel moldear nuestra fe. En realidad son conclusiones razonables de todo lo que hemos comentado hasta ahora. Si las aceptamos, nos ayudarán a mantener unidos aquello que los cristianos frecuentemente separamos: Israel y la Iglesia.

1. En Israel nos vemos a nosotros mismos y a Dios

Israel nos muestra mucho de nosotros mismos. Nos enseña quiénes somos como seres humanos, criaturas del Dios viviente que tienen la capacidad de conocerlo y amarlo, pero también la tendencia de alejarse de Él. Los autores judíos de la Biblia hebrea (nuestro Antiguo Testamento) documentaron con gran detalle las tendencias humanas, tanto de los humanos en general (Gén. 1–11), como de Israel, el pueblo de Dios, en lo particular (la mayor parte del Antiguo Testamento). Los gentiles debemos recordar estas profundas lecciones de dicha parte de la Escritura para que no pensemos con orgullo que somos mejores que la mayoría de los judíos porque aceptamos a Jesús y ellos no. El Nuevo Testamento sugiere que en todos nuestros pecados podemos crucificar «... de nuevo [...] al Hijo de Dios y exponiéndole a vituperio» (Heb. 6:6). También nos enseña que la razón por la que murió son *nuestros* pecados. Como el himno luterano «Oh, Santo Jesús» pregunta:

¿Quién era el culpable? ¿Quién trajo esto sobre ti?

¡Ay, mi traición, Jesús, te ha deshecho!

Yo, Señor Jesús, te negué: yo te crucifiqué.

Israel también nos enseña sobre Dios. Su historia nos muestra la misteriosa forma en la que Él utiliza nuestra propia rebelión para traer Su luz al mundo. Los hermanos de José lo vendieron como esclavo, suceso que el Señor utilizó para salvar a la familia de José (Gén. 50:20) y asentarla en Egipto para que al escapar de ahí supieran «... los egipcios que yo soy Jehová...» (Ex. 14:18).

En Romanos, Pablo escribió que Dios obró de forma similar a través de los judíos y Su Mesías. Incluso, cuando miles *(murías)* de judíos reconocieron a Jesús como su Salvador (Hech. 21:20), la mayoría no lo hizo. Esto fue porque el Señor los endureció parcialmente para que hubiera espacio y tiempo para la «plenitud de los gentiles» que vendría (Rom. 11:25). Los rabinos enseñaron, y aparentemente

Pablo creía lo mismo, que cuando todo Israel aceptara a su Mesías, el fin del mundo llegaría. Por esta razón, para el apóstol, la mayoría de los judíos no aceptaban al Mesías. Era «por causa de vosotros» (11:28), por causa de los gentiles. A ellos se les dio luz para reconocer al Mesías porque Dios estaba reteniendo la luz de la mayoría de ellos. De alguna forma, las leyes del reino iban dirigidas a que si ellos aceptaban a su Mesías, esto cerraría las puertas a los gentiles. Pablo no aclara por qué eso era así, pero parece haber creído en tal principio. Si esa mayoría se sujetaban al señorío del Mesías, de alguna manera eso cerraría las puertas a un mundo futuro en donde billones de gentiles serían capaces de pertenecer al reino del Mesías. Así que era *necesario*, en la forma misteriosa en que el Señor ejerce Su providencia, que Él endureciera los corazones de la mayoría de los judíos para que no reconocieran la identidad de Jesúa de Nazaret.

Así que los gentiles estamos en deuda con ellos. Debido a lo que Dios les hizo hemos sido capaces de conocer a Su Mesías y convertirnos en miembros asociados de la comunidad de Israel (Ef. 2:12). Hemos conocido al Dios de esa nación y hemos sido adoptados como hijos e hijas del Padre de Israel (Gál. 4:5; Rom. 8:15).

Israel nos ha mostrado al Dios verdadero. Su historia también nos ha mostrado Su gracia. La Torá nos enseña que Él adoptó a Israel como a Su pueblo y les otorgó la tierra no por la justicia de este, sino a pesar de su rebelión (Deut. 9:1-29). Fue simplemente debido a Su amor hacia ellos (7:6-8).

También aprendemos de la gracia de Dios mediante la supervivencia de Israel. Por casi 3000 años, naciones e imperios han intentado eliminar a los judíos y a Israel y ellos han sobrevivido milagrosamente, incluso han prosperado. El holocausto fue uno de los últimos intentos para exterminar a los judíos de la faz de la tierra. Hoy, Irán quiere continuar la obra de Hitler. Ayatollah Ali Khamenei, líder supremo iraní, ha declarado de manera oficial: «Es la misión de la República islámica de Irán borrar a Israel del mapa de la región».[128]

No obstante, si Israel nos enseña la providencia protectora del Señor, también nos muestra lo que Pablo llama la «severidad» de Dios (Rom. 11:22). Incluyendo su dispersión de Jerusalén en el año

70 d.C., Israel ha sido exiliado en tres ocasiones de su tierra. Él ama tanto a Israel que lo disciplina, a veces con severidad. Pablo señala esta severidad como una lección para nosotros sobre el carácter divino: «Porque si Dios no perdonó a las ramas naturales [el Israel judío], a ti tampoco te perdonará [las ramas silvestres gentiles]. Mira, pues, la bondad y la severidad de Dios; la severidad ciertamente para con los que cayeron, pero la bondad para contigo, si permaneces en esa bondad; pues de otra manera tú también serás cortado» (Rom. 11:21-22). Así que, Israel nos enseña sobre la disciplina del Señor y nos advierte que nosotros también seremos disciplinados, quizás con severidad, si cometemos errores similares a los de Israel.

Israel nos muestra algo sobre Dios y sobre nosotros mismos. Israel también nos revela parte del futuro. Pablo preguntó: «Y si su transgresión es la riqueza del mundo, y su defección la riqueza de los gentiles, ¿cuánto más su plena restauración?» (Rom. 11:12). Tanto Isaías como Jesús sugieren que en la tierra renovada, los judíos guiarán al mundo como sacerdotes del Rey. Piensa en la intensidad con que los judíos ortodoxos estudian la Biblia y oran. ¿Cuánto más conocerán y amarán al Señor cuando el Mesías les sea revelado?

2. La historia de la redención continúa

La Biblia sugiere que debemos esperar lo inesperado. El Señor es un Dios de milagros hoy, igual que lo era en los tiempos bíblicos. Él continúa obrando la redención gradual del mundo. Por supuesto, Cristo hizo todo lo necesario a través de Su vida, Su muerte y Su resurrección; pero la aplicación de esos eventos a las personas y al mundo se desarrolla a través de la historia, que actualmente continúa. Así como la salvación de los individuos se lleva a cabo no solo al inicio de su vida espiritual a través de la fe y el bautismo, sino mediante toda su vida en santificación, también la redención del mundo es una historia que continúa en desarrollo

Gracias a N. T. Wright y otros teólogos de la Biblia, hemos aprendido que la historia bíblica de la salvación comprende no solo a los individuos, sino también al mundo.[129] El Señor desea restaurar a los individuos, a las familias y a los pueblos del mundo. Isaías profetiza que en la era mesiánica, los pueblos de las naciones viajarán a Israel para aprender la Torá (Isa. 2:1-4) y que la casa de Dios será una casa de oración «para todos los pueblos» (56:7). La palabra hebrea para «pueblos» significa aquellos con «solidaridad étnica interna».[130] En otras palabras, un día Él traerá tal orden mundial que diferentes «naciones y tribus y pueblos y lenguas» vivirán en paz y amor, e Israel será el centro, su líder espiritual. El regreso de Jesús predicho en Hechos 1:1 sin duda será necesario para la renovación de la tierra, pero no hay duda de que el mundo renovado no será compuesto solo de un sinnúmero de individuos, sino que existirán naciones y pueblos que serán reconocidos como tales.

¿Cómo sabemos que más cosas acontecerán en la historia de la salvación? Como hemos visto en un capítulo previo, Jonathan Edwards creía que debemos esperar que sucedan más cosas espectaculares debido a que aún no se cumplen todas las profecías bíblicas. Escribió esto en el siglo XVIII, cuando los judíos aún no regresaban a su tierra ancestral, pero debido a que la Biblia lo predecía, Edwards esperaba que esto sucediera en un futuro. Nosotros, en el siglo XXI, sabemos que la premonición fue cumplida en los siglos XIX y XX. En el siglo XIX los judíos comenzaron a reunirse en la tierra en grandes números desde todas partes del mundo y, después de casi ser destruidos por Hitler, renacieron como nación en 1948. Mi sugerencia es que el renacimiento secular de Israel, que realmente parece ser más que secular, y la obra del Espíritu para reunir grupos en la Iglesia actual[131] pueden ser los primeros frutos del cumplimiento de una promesa: la sanidad de las naciones al final de los tiempos (Apoc. 22:2).

Así que deberíamos esperar que esta historia de redención continúe, no solo para Israel, sino también para el mundo. Sin embargo, lo hace no solo de formas visibles, tales como el surgimiento de una nueva nación como Israel. También sucede en modos que con frecuencia escapan a la vista. He sugerido en este libro que el Señor continúa probando a las naciones a través de Israel. De formas misteriosas ellas tratan con Dios, lo sepan o no, al relacionarse con Israel. Esto no significa que Israel sea perfecto o que no deba ser desafiado como cualquier otra nación. Pero como Barth sugiere (ver capítulo

3), el pueblo escogido, de alguna forma que no comprendemos, tiene la mano del Señor sobre ellos y cuando las naciones se le enfrentan también encaran a Dios. De manera similar, nosotros los gentiles entramos a Su providencial administración de la redención cuando nos relacionamos con Israel. En otras palabras, la historia de la providencia divina está lejos de terminar. Dios continúa obrando en la redención del mundo. No todas las profecías bíblicas se han cumplido. Las naciones no han sido restauradas ni renovadas como la Escritura sugiere que lo serán. Si comprendemos la naturaleza de la profecía bíblica y la redención divina de la creación, debemos esperar que sucedan más cumplimientos asombrosos. Como Jean Cardinal Daniélou señaló: «La profecía bíblica es el anuncio de que al final de los tiempos, el Señor hará obras aún más grandes que en el pasado».[132] Debemos esperar lo inesperado, particularmente con respecto a Israel y a las naciones.

3. La profecía es real pero misteriosa

Muchos cristianos están dispuestos a dar su apoyo a Israel, pero dudan en respaldar su estado, y eso provoca que sean escépticos sobre las profecías de este país, en especial las que he mencionado. Pero deben comprender que es imposible separar a un pueblo de su estado político, particularmente si ha sido elegido con libertad por el pueblo, como en el caso del Israel de hoy. También deben reconocer que el pueblo de Israel necesita un estado para protegerlos de los vecinos que buscan destruirlos. Si decimos que apoyamos al pueblo, pero no al estado, estamos sugiriendo que no necesitan esa protección. No diríamos eso de nosotros mismos, sea que vivamos en Estados Unidos o en Uganda.

Como he escrito en diversas ocasiones en este libro, apoyar a Israel no significa no ser crítico de la expresión política del pueblo. Pero al mismo tiempo debemos recordar que los cristianos apoyan a la Iglesia a pesar de saber que está llena de problemas. Decimos que es el cuerpo de Cristo, como la Biblia lo enseña (Ef. 5:23; 1 Cor. 12:27), incluso si está llena de «mancha[s] y arruga[s]» (Ef. 5:27). Si podemos creer que la Iglesia, con todos sus defectos, es el cuerpo de Cristo, entonces también podemos señalar que Israel, a pesar de su pecado, es la Sion de Dios (Rom. 11:26). La naturaleza de la profecía nos ayuda a hacer estas distinciones. Cuando los profetas predijeron la futura obra del Señor, raras veces proveyeron tiempos y detalles específicos. Si eras un judío fiel en el año 25 d.c. y estudiabas tu Biblia para discernir en dónde y cuándo nacería el Mesías, podrías concluir que sería nazareno, saldría de Egipto y nacería en Belén. Tales pronósticos por sí solos habrían sido mutuamente contradictorios. Sufriría y lo rechazarían, pero los reyes se postrarían a Sus pies. ¿Cómo podrían ambas cosas ser ciertas? Te aseguro que nunca habrías podido utilizar esas profecías para predecir cómo iba a desarrollarse toda la historia. Como lo enseñaron Lutero y Barth, Dios en Jesucristo es revelado y escondido. Lo mismo es verdad para las sendas de Dios en los últimos tiempos. Tanto el Antiguo como el Nuevo Testamento predicen que Israel jugará un papel importante en la consumación de la historia. Pero *cómo* y *cuándo* lo hará, constituye un misterio. Como lo señaló Pablo, Sus juicios son «insondables» e «inescrutables» (Rom. 11:33).

4. No se acaba hasta que se acaba

No podemos conocer los detalles de cómo Dios concluirá la historia, pero es claro que no ha sucedido aún y que pasarán cosas que nos sorprenderán, entre las cuales estará el rol de Israel. Ya he mencionado la dramática visión que Ezequiel tuvo de los huesos secos que recobraban vida. La mayoría de los eruditos concuerdan en que esta es una profecía sobre el futuro de esta nación como pueblo. Para nuestros propósitos, es significativo que esta resurrección nacional no suceda al mismo tiempo, sino que se lleva a cabo en etapas. Primero, la palabra del Señor llega a los huesos y produce ruido, un «temblor» (Ezeq. 37:7). Después de esto los huesos se juntaron, «cada hueso con su hueso». Luego se añadieron tendones y después fueron cubiertos por piel. Finalmente se pusieron de pie. Solo entonces la visión se completó y las personas estuvieron completas.

La visión llegó a Ezequiel después de que Dios le señalara en el capítulo previo (capítulo 36) que un día Él esparciría «agua limpia» sobre Israel y limpiaría a Su pueblo de todas sus «inmundicias» y de todos sus «ídolos» (36:25). Él les daría un nuevo espíritu, así como nuevos corazones, no ya de piedra, sino de carne (36:26). Esta profecía está relacionada con la visión de los huesos secos porque ambos pasajes unen esta resurrección y renovación con el regreso de Israel a la tierra prometida (36:24; 37:12,14,21). De manera significativa, el renuevo espiritual parece llegar *después* del regreso a la tierra. En Ezequiel 36:24 Dios señala que tomará al pueblo de todas las naciones del mundo y los regresará a su tierra y después, en el versículo 25, promete que esparcirá agua limpia sobre ellos. En Ezequiel 37:12 el Señor promete regresar la casa de Israel a su tierra y después, en el versículo 14, asegura: «... pondré mi Espíritu en vosotros...». Más adelante en ese mismo versículo, Él indica que los hará reposar en su propia tierra y solo entonces sabrían «que yo Jehová hablé, y lo hice».

¿Se ha llevado a cabo la renovación de la tierra? No como los cristianos esperan: con una mayoría de judíos reconociendo a Su Mesías. Pero algunos de mis amigos que viven ahí me indican que los israelitas, desde lo más alto hasta lo más bajo de la sociedad, están regresando al Dios de Israel y que este renuevo espiritual pasa inadvertido a los medios de comunicación.

No obstante, sea o no que este renuevo espiritual haya comenzado, debemos recordar que siempre existe tensión en la profecía entre la promesa del Señor y su cumplimiento. Los cristianos creemos la promesa divina de que estamos siendo santificados; sin embargo, existen días cuando parecemos todo menos eso (Rom. 6:17-18; 8:22-23). Debemos recordar que así como esperamos de la Iglesia redención y no perfección, también buscamos en Israel no la perfección, sino al Redentor que vendrá de Sion y «... que apartará de Jacob la impiedad» (Rom. 11:26).

5. Israel y la Iglesia están estrechamente unidos

Un punto importante de este libro es que los cristianos estamos más cerca del Israel judío de lo que hemos pensado. Me gusta compararlo con la relación entre la Escritura y la Iglesia. Los teólogos cristianos a menudo señalan que estas dos cosas son mutuamente incluyentes. La

Biblia enseña y corrige a la Iglesia y la Iglesia histórica enseña a sus miembros más recientes cómo entenderla. Con frecuencia, el error lo cometen individuos cristianos que creen en su capacidad de entender sin la ayuda de la Biblia sin la ayuda de grandes hombres y mujeres piadosos que les han precedido y cuya sabiduría ha moldeado la Gran Tradición. Esta última es la que debe regir toda lectura de la Palabra. Y el Espíritu Santo sigue desarrollando esa Gran Tradición al mostrar la revelación que recibió Israel y a la Iglesia apostólica. De esta forma la Escritura instruye a la Iglesia y la Iglesia protege y guía el significado de la Biblia.

Podemos señalar algo similar con respecto a Israel y la Iglesia: ambos son mutuamente incluyentes. Los rabinos piadosos y sabios de Israel tienen innumerables riquezas que compartir con los cristianos dispuestos a explorar las profundidades de sus escritos. La gran mayoría de ellos no se relacionan con Jesús como el Mesías, sino con lo que el Señor ha revelado de sí mismo en las primeras tres cuartas partes de la Biblia cristiana conocida como el Antiguo Testamento. Su Dios es nuestro Dios. Tenemos cosas que compartir con ellos sobre la identidad del Mesías, pero nuestro desacuerdo en ese asunto no debe impedir acercarnos a los sabios israelitas como lo hicieron los padres cristianos como Jerónimo.

Sin embargo, nuestra conexión con Israel es incluso más cercana. Los cristianos ya creemos que los santos del Antiguo Testamento, en su mayoría judíos, están en el reino de los cielos y por tanto, en comunión con nosotros, como los credos enseñan. Sin duda, estamos en profunda relación o vínculo con los judíos de Israel que adoraron a Jesús como su Mesías. ¿Qué hay de los miles de judíos que han amado al Dios de Israel, quien, según las enseñanzas de Jesús, es el único Dios verdadero, pero que han sido incapaces de reconocerlo a Él como su Mesías? Tales son los judíos a los que Pablo parece referirse al decir que el Señor envió «… a Israel un endurecimiento en parte…» (Rom. 11:25). En muchos de los casos eso fue porque los «cristianos» mataban a los judíos en el nombre de «Cristo». ¿Podemos culparlos por no considerar a Cristo como su amigo? Antes de dirigirse a Damasco, Pablo no era atacado por los cristianos; sin embargo, menciona más adelante que Dios tuvo misericordia de él porque «... lo hice por ignorancia, en incredulidad» (1 Tim. 1:13). Si el Señor tuvo misericordia de Pablo debido a su ignorancia, ¿no podría tenerla de los judíos que ignoran a Jesús debido al odio de los «cristianos» hacia ellos?

Jesús enseñó que nadie viene al Padre si no es por Él, y Pablo señaló que para ser salvo se debe confesar con los labios que Jesús es el Señor y se debe creer en el corazón que Dios le levantó de los muertos (Juan 14:6; Rom. 10:9). ¿Pudo Jesús haber sido revelado algún día, de alguna forma y en algún tiempo, que solo el Señor conocía a los judíos que amaron a su Padre en el cielo (¡el Padre de Jesús!), pero que no lo reconocieron debido al odio que los cristianos han proclamado contra ellos en el nombre de «Cristo»? ¿Pudieron ellos, en alguna forma y en algún tiempo solo conocido por Dios, haber confesado con sus labios y haber creído en sus corazones?

Jesús sugirió la existencia de situaciones difíciles en las que, una persona, por estar carente de la revelación del Espíritu Santo, haya hablado en Su contra y, sin embargo, haya recibido Su perdón: «A cualquiera que dijere alguna palabra contra el Hijo del Hombre, le será perdonado; pero al que hable contra el Espíritu Santo, no le será perdonado, ni en este siglo ni en el venidero» (Mat. 12:32). No sabemos lo que sucederá en estas especiales circunstancias en las que los judíos han sido cegados por el odio hacia los cristianos. Pero podemos dejarle estos casos a Jesús. Mientras tanto, afirmamos que estamos en comunión con todo el pueblo de Israel que ama a nuestro Padre, su Dios, y que está en camino de conocer al Hijo así como lo conoce a Él.

Existe incluso una unión más profunda, una manera en que Israel y la Iglesia se entrelazan. La Escritura y los credos nos indican que Jesús está a la diestra del Padre y que posee un cuerpo. Sabemos que este es Su cuerpo resucitado, con el que sus seguidores le reconocieron como el mismo Jesús que conocieron antes de Su crucifixión. Eso significa que Su cuerpo resucitado, con el que ascendió y está en el cielo, es un cuerpo judío con los distintivos de un hombre judío. Tenemos comunión con este cuerpo. Y más notable aún son los pasajes de los Evangelios y las Epístolas en los cuales se nos dice que, a menos que comamos de Su cuerpo y tomemos de Su sangre, no tendremos parte con Él. Esto era algo difícil de escuchar en el primer siglo y provocó el alejamiento de discípulos de Jesús (Juan 6:53,60,66). Continúan siendo palabras duras. Y ahora, reconocer que este cuerpo es judío lo hace más complicado para algunos gentiles. Pero esto es lo que la Escritura nos enseñan: los cristianos estamos en comunión con un hombre judío y en la Santa Cena participamos de la sangre y el cuerpo de este Cristo judío (1 Cor. 10:16). Muchos teólogos hablan sobre el «escándalo de la particularidad». Con esto, se refieren a que lo singular del evangelio, la salvación de Dios a través de un pueblo en particular y de un Dios-hombre de ese pueblo, es un escándalo para quienes piensan que el Señor nunca restringiría Su salvación universal a un tiempo, lugar, pueblo y hombre en específico. Sin embargo, la Escritura testifica que este pueblo aún es importante para Él (Rom. 11:28-29), la tierra es ahora el lugar en donde la profecía se está cumpliendo (Ezeq. 37:11-14; Hech. 3:21) y el Rey de este pueblo un día gobernará visiblemente desde esa tierra (Apoc. 20:4,9; 21:1-3). La particularidad de Israel es el nuevo escándalo de la particularidad.

6. La historia de los judíos nos muestra el misterio de la iniquidad

Uno de los pasajes más inescrutables de la Biblia es aquel cuando Pablo hace referencia al «misterio de la iniquidad» en su discurso del futuro «hombre de pecado» (2 Tes. 2:1-12). Este no es el espacio ni el sitio para ahondar en la visión que el apóstol tuvo sobre el final de los tiempos, pero es digno de notar, en el término de un libro sobre Israel, que esta nación provee una ventana hacia el «misterio de la iniquidad».

La iniquidad es un pecado y el pecado es irracional. Así como no existía un argumento razonable para que Adán comiera del fruto prohibido después de todo lo que había recibido y de lo que el Señor ordenó, tampoco nosotros tenemos un argumento para pecar contra el Dios amoroso que nos ha dado todas las cosas (1 Cor. 3:21). No existe mejor ventana hacia la irracionalidad del pecado, el misterio de la iniquidad, que el recurrente y feroz odio hacia los judíos a lo largo de la historia. Desde Amán el persa y el griego Antíoco Epífanes, hasta la brutal supresión romana de los judíos después de las primeras dos revueltas judías en los años 66 y 135 d.C., el mundo antiguo menguaba y fluía en odio hacia ellos. En la Edad Media los cristianos fueron responsables de libelos de sangre, expulsiones, conversiones forzadas y matanzas de los judíos. En la era moderna los deístas ayudaron a inaugurar una nueva época de antisemitismo. Voltaire, influenciado por los deístas ingleses, escribió que un judío es alguien que debería tener escrito en su frente «digno de ser colgado». El antisemitismo moderno culminó en el holocausto, en donde los nazis exterminaron a 6 millones de judíos, dos terceras partes de dicha población en Europa. Los estudiosos han mostrado que no solo los nazis lo llevaron a cabo; ciudadanos ordinarios de Europa frecuentemente se ofrecían como voluntarios para hacer lo mismo.[133] En la actualidad, el antisemitismo está en alza con el movimiento «BDS» en las universidades, el cual amenaza con boicots, desinversiones y castigos con respecto a Israel y con judíos, estos últimos abiertamente atacados y asesinados en Europa. ¿Su crimen? Después de todo, ser judíos.

No hay forma de *explicar* este misterio de la iniquidad que transcurre a través de la historia. Pero la Biblia nos enseña sobre la estructura de la maldad. Pablo nos muestra que es impulsada por fuerzas invisibles. Declara que luchamos no solo contra «sangre y carne», sino contra «principados, contra potestades [...] contra huestes espirituales de maldad en las regiones celestes» (Ef. 6:12).

La declaración del apóstol nos ayuda a encontrarle cierto sentido a lo que finalmente es irracional. Considéralo de esta manera: si el Dios verdadero es el Dios de Israel, y sabemos que lo es, entonces tendría sentido que los principados y las potestades movilizaran a los humanos, que por lo general no se percatan de que están siendo usados, para atacar al pueblo escogido del Dios de Israel. El maligno odia lo que es bueno. Las fuerzas de maldad odian la fuente de lo bueno: al Dios de Israel. ¿Qué mejor manera, supongo que imaginan, de destruir a su némesis, el Dios de Israel, que atacando al pueblo que este Dios eligió para ser la luz del mundo? ¿Y qué mejor forma de hacerlo que persuadiendo a los no judíos de todo el mundo y de toda la historia a odiarlo y tratar de exterminarlos? Esta es una manera en la que el «misterio» de Israel (Rom. 11:25) nos ayuda a descubrir el «misterio de la iniquidad» (2 Tes. 2:7).

Estos son días malignos e Israel nos ayuda a comprender la maldad. Pero vendrán días buenos. El mismo Dios que erigió a Israel como luz de las naciones y al Mesías israelita como luz del mundo, está por renovarlo. Sin duda, será glorioso. Israel estará nuevamente en el centro, como bendición para todas las naciones y pueblos de ese mundo renovado. Que este libro pueda ser un recordatorio de que aunque Israel atrae la hostilidad de muchos, un día irradiará la luz y el amor del Mesías hacia todos.

Agradecimientos

Como en todos mis libros, mi esposa, Jean, fue una fuente de inspiración. Pero en este caso ella sugirió un abordaje que lo hizo más efectivo. Y, más importante aún: ha provisto una gran organización en otras tareas, lo que me ha liberado para pensar y escribir.

El filósofo, Eugene Korn, me estimuló a escribir este libro y siempre me ha inspirado. Estoy profundamente agradecido por su aliento y su amistad.

Robert Nicholson y su Proyecto Philos han provisto un importante y alentador apoyo, tanto institucional como personal.

Mi amigo y antiguo pastor, Mark Graham, ha sido un interlocutor y crítico a través de estos años de reconsiderar a Israel. Su importancia para el capítulo 8 es clara.

Lyle Dorsett y Timothy George, en *Beeson Dibinity School,* me otorgaron respaldo institucional y personal al escribir este libro.

Bob Benne, Ken Mathews, Joanne Pierson y Allen Ross realizaron una lectura crítica a estos capítulos y proveyeron sugerencias que resultaron de gran ayuda.

Estoy agradecido a mi excelente estudiante Yannick Christos-Wahab por compilar el índice de la Escritura.

Finalmente, mi más sentido agradecimiento a David Nelson, quien se mostró positivo y constructivo a través de todo el proceso. Tim West no solo enumeró a lectores que realizaron sugerencias maravillosas, sino que también fue paciente y perspicaz cuando hice grandes cambios casi al final del proceso.

Apéndice

El pacto y la tierra en el Antiguo Testamento

Libro	Pacto + tierra de Israel	Pacto + tierra	Pacto (implicado) + tierra	Pacto con Israel solamente	Pacto solo
Génesis	5	6	70	13	17
Éxodo	3	5	105	7	8
Levítico	3	3	45	4	4
Números	0	0	98	3	5
Deuteronomio	3	3	129	13	23
Pentateuco	**14**	**17**	**447**	**40**	**57**
Josué	3	4	64	14	15
Jueces	2	2	14	1	2
Rut	0	0	0	0	0
1 Samuel	1	1	2	0	6
2 Samuel	0	1	9	1	2
1 Reyes	2	2	19	3	8
2 Reyes	0	0	28	9	10
1 Crónicas	0	0	12	6	11
2 Crónicas	1	1	29	6	14
Esdras	0	0	8	0	1
Nehemías	1	1	13	2	2
Ester	0	0	0	0	2
Job	0	0	67	18	19
Salmos	1	2	15	0	1
Proverbios	0	0	0	0	0
Eclesiastés	0	0	0	0	0
Cantares	0	0	0		

Históricos + Poéticos / Sabiduría	11	14	280	60	93
Isaías	2	2	74	7	10
Jeremías	4	4	104	11	17
Lamentaciones	0	0	0	0	0
Ezequiel	2	3	56	11	13
Daniel	1	1	4	3	5
Oseas	1	1	8	2	4
Joel	0	0	5	0	0
Amós	0	0	6	1	1
Abdías	0	0	0	0	0
Jonás	0	0	0	0	0
Miqueas	0	0	4	0	0
Nahúm	0	0	0	0	0
Habacuc	0	0	2	0	0
Sofonías	0	0	2	0	0
Hageo	0	0	0	0	0
Zacarías	0	0	13	1	2
Malaquías	0	0	0	5	6
Profetas	10	11	278	41	58
Total Antiguo Testamento	35	42	1005	141	208

*Cuadros compilados por Benjamin Cowgill

Notas

Introducción

[1] Ver, por ejemplo, Shadi Khalloul, «Theology and Morality: Is Modern Israel Faithful to the Moral Demands of the Covenant in Its Treatment of Minorities?» [Teología y moralidad: ¿Es el Israel moderno fiel a las exigencias morales del pacto en su trato con las minorías?] en *The New Christian Zionism: Fresh Perspectives on Israel and the Land* [El nuevo sionismo cristiano: Nuevas perspectivas sobre Israel y la tierra], ed. Gerald R. McDermott (Downers Grove, IL: IVP Academic, 2016), 271-90.

[2] Es un recorrido de cerca de 40 millas (65 km) desde Nazaret hasta Capernaúm, en caminos que probablemente Jesús recorrió. Para más información, ver http://jesustrail.com.

[3] Gerald McDermott, *On the Jesus Trail: What We Learned from Jews, Muslims and Arab Christians as We Traced the Footsteps of Christ in Galilee* [En el camino de Jesús: Lo que aprendimos de los judíos, los musulmanes y los árabes cristianos mientras seguíamos los pasos de Jesús en Galilea] Christianity Today, 28 de abril del 2010: http://www.christianitytoday.com/ct/2010/april/32.31.html.

[4] Existieron otras razones para este alejamiento: tanto los judíos no mesiánicos como quienes pertenecían a las iglesias competían por nuevos miembros para sus grupos y las iglesias se enojaron por maldiciones que los judíos pronunciaban contra los seguidores de Jesús. Los judíos no mesiánicos estaban enojados porque los judíos que seguían a Jesús abandonaron la lucha por Jerusalén en el año 68, cuando la primera revuelta comenzó, y huyeron a Pella (en lo que ahora es Jordania) y se rehusaron a identificarse como judíos en la segunda revuelta del año 135. Después del año 135 hubo menos contacto entre las iglesias y las sinagogas y, por tanto, menos oportunidad para que los gentiles en las iglesias conocieran las raíces judías de su fe.

⁵ Justino Mártir, *Dialogue with Trypho* [Diálogo con Trifón], 11.5; Peter Richardson, *Israel in the Apostolic Church* [Israel en la Iglesia apostólica], (Cambridge: Cambridge University Press, 1969), 1. Mi versión del diálogo y la segunda apologia de Justino se basan en *The Writings of Justin Martyr and Athenagoras* [Los escritos de Justino Mártir y Atenágoras], trad. Marcus Dods, George Reith y B. P. Pratten (Edinburgo: T&T Clark, 1879).

⁶ «Socorrió a Israel su siervo, acordándose de la misericordia de la cual habló a nuestros padres, para con Abraham y su descendencia para siempre» (Luc. 1:54-55). «Cristo Jesús vino a ser siervo de la circuncisión para mostrar la verdad de Dios, para confirmar las promesas hechas a los padres» (Rom. 15:8).

⁷ Justino Mártir, *2 Apology*, 10.

⁸ Para los dos párrafos anteriores ver Justino Mártir, *2 Apology* 10; 13; *Dialogue with Trypho* 24.1; 33.1; 43.1; Oskar Skarsaune, *In the Shadow of the Temple: Jewish Influences on Early Christianity* [A la sombra del templo: Influencia judía en el cristianismo primitivo], (Downers Grove, IL: IVP Academic, 2002), 263.

⁹ He relatado su historia, especialmente en su relación a otras religiones, en *God's Rivals: Why God Permitted Other Religions* [Rivales de Dios: Por qué permite Dios otras religiones], (Downers Grove, IL: InterVarsity, 2007), cap. 5.

¹⁰ Ireneo, *Against Heresies, in the Ante-Nicene Fathers* [Contra las herejías, en los padres antenicenos], vol. 1, ed. Alexander Roberts y James Donaldson (Grand Rapids: Eerdmans, 1993), 4.14.3; 4.15.1–2.

¹¹ Irineno, *Against Heresies* 4.21.3; 3.21.1.

¹² Ver Orígenes, *On First Principles* [Sobre los principios], trad. G. W. Butterworth (Gloucester, MA: Peter Smith, 1973), libro 4. El único significado que las cosas judías tienen para Orígenes es tipológico (que señalan a Cristo y a Su Iglesia). En su comentario sobre el Evangelio de Juan, Orígenes escribió que «los judíos […] son imágenes de aquellos que aprueban las sanas doctrinas. […] Todo el pueblo de Cristo, llamados judíos en secreto (ver Rom. 2:29) y circuncidados en secreto tienen […] las propiedades de las tribus». Para Orígenes, la pascua judía no es la Pasión de Cristo, sino nuestra transición hacia una vida trasformada en Cristo. Ver Orígenes, *Commentary on John 13.81* [Comentario sobre Juan 13:81], I 1, en *Orígenes*, ed. y trad. Joseph W. Trigg (London: Routledge, 1998), 161, 104, 40.

[13] Justino, por ejemplo, hizo que Trifón el judío señalara en su diálogo: «Hemos encontrado más de lo que esperábamos» y le pide a Justino «pensar en nosotros como tus amigos» (Diálogo con Trifón, en Dods, Reith, y Pratten, *Writings of Justin Martyr and Athenagoras*, 277).

[14] Juan Crisóstomo, homilía VI, *Against the Jews* [Contra los judíos]: http://www.todayscatholicworld.com/homily-vi.htm.

[15] Paula Fredriksen, «Secundum Carnem: History and Israel in the Theology of St. Augustine» [Secundum Camem: Historia e Israel en la teología de San Agustín] en *Augustine and World Religions* [Agustín y las religiones del mundo], ed. Brian Brown y otros. (Lanham, MD: Lexington Books, 2008), 29-30.

[16] Martín Lutero, *On the Jews and Their Lies* [Sobre los judíos y sus mentiras] (1543), citado en Dennis Bielfeldt, Mickey L. Mattox, y Paul Hinlicky, *The Substance of the Faith: Luther's Doctrinal Theology for Today* [La sustancia de la fe: La teología de Lutero para la actualidad], (Minneapolis: Fortress, 2008), 176.

[17] Para más sobre Lutero y los judíos, ver Avihu Zakai, *Reformation, History and Eschatology in English Protestantism* [Reforma, historia y escatología en el protestantismo inglés], *History and Theory*, 16 (octubre de 1987): 300–318; y Paul Hinlicky, *Beloved Community* [Comunidad amada], (Grand Rapids: Eerdmans, 2015), 416–17 y notas a pie de página 49 y 50.

[18] Juan Calvino, *Institutes of the Christian Religion* [Institución de la religión cristiana], ed. John T. McNeill, trad. Ford Lewis Battles (Filadelfia: Westminster, 1960), 4.2.3 (énfasis añadido).

[19] Como Scott Bader-Saye ha señalado, Calvino se negó a declarar que la Iglesia reemplazó a Israel, que el nuevo pacto abolió al antiguo, porque para Calvino solamente existía un pacto. Incluso declara que «la promesa del pacto está por cumplirse, no solo de manera alegórica, sino literal, para la descendencia física de Abraham» (*Institutes* 4.16.15). Pero también argumentó que la «elección general de las personas ni siempre es firme y eficaz», de esta forma recurría solo a la elección individual y, por ello, perdía el sentido judío de elección colectiva que persiste a pesar de la desobediencia de una mayoría (*Institutes* 3.21.6; 3.21.1; 3.24.15; Bader-Saye, *Church and Israel after Christendom* [La Iglesia e Israel después de la cristiandad] [Eugene, OR: Wipf & Stock, 2005], 71–72).

[20] Benjamin Franklin, *A Comparison of the Conduct of Ancient Jews*

and Antifederalists in the United States of America [Una comparación de la conducta de los antiguos judíos y los antifederalistas en Estados Unidos de América], (1788) en Smyth, *Writings of Franklin* [Escritos de Franklin], 9:702; citado en James H. Huston, ed., *The Founders on Religion: A Book of Quotations* [Los fundadores de la religión: Un libro de citas], (Princeton: Princeton University Press, 2005), 76-77.

[21] Para deístas específicos y sus referencias antisemitas, ver Thomas Chubb, *The Author's Farewell to His Readers, in The Posthumous Works of Mr. Thomas Chubb* [La despedida de un autor a sus lectores, en las obras póstumas de Mr. Thomas Chubb], vol. 2 (Londres, 1748), 111, 121, 161-67, 203, 307, 314; Thomas Morgan, *The Moral Philosopher* [El filósofo moral], 2.ª ed. (Londres, 1738; 1.ª ed. 1737), 19; John Leland, *A View of the Principal Deistical Writers* [Una perspectiva de los principales escritores deístas] (1755-57; reimpreso, Nueva York: Garland, 1978), 147; Thomas Gordon y John Trenchard, eds., *The Independent Whig* [El Whig independinete], 2 vols., 7.ª ed. (Londres, 1736; orig. 1720-21), 1:328.

[22] Para la cita de Voltaire y más sobre su actitud hacia los judíos, ver Frank Manuel, *The Changing of the Gods* [La transformación de los dioses], (Hanover, NH: Brown University Press, 1983), 112-16; para el rol del deísmo en el surgimiento del antisemitismo moderno, ver *The Broken Staff: Judaism through Christian Eyes* [La vara quebrada: El judaísmo a través de la lente cristiana], (Cambridge, MA: Harvard University Press, 1992).

[23] Friedrich Schleiermacher, *The Christian Faith* [La fe cristiana], ed. H. R. Mackintosh (Filadelfia: Fortress, 1976), 116, 609, 610.

[24] C. E. B. Cranfield, *A Critical and Exegetical Commentary on the Epistle to the Romans* [Un comentario crítico y exegético sobre la Epístola a los Romanos], 2 vols. (Edinburgo: T&T Clark, 1979), 2:448.

[25] W. D. Davies, *The Gospel and the Land: Early Christianity and Jewish Territorial Doctrine* [El evangelio y la tierra: Doctrina del cristianismo primitivo y el territorio judío], (Berkeley: University of California Press, 1974), 182.

[26] E. P. Sanders, *Jesus and Judaism* [Jesús y el judaísmo], (Filadelfia: Fortress, 1985); N. T. Wright, *Jesus and the Victory of God* [Jesús y la victoria de Dios] (Minneapolis: Fortress, 1996); John P. Meier, *A Marginal Jew: Rethinking the Historical Jesus* [Un judío marginal: Reconsiderando al Jesús histórico], Anchor Bible Reference Library, 3 vols. (New York: Doubleday, 1991); Ben F.

Meyer, *The Aims of Jesus* [Los objetivos de Jesús], (London: SCM, 1979).

[27] Scot McKnight, *A New Vision for Israel: The Teachings of Jesus in National Context* [Una nueva visión para Israel: Las enseñanzas de Jesús en un contexto nacional], (Grand Rapids: Eerdmans, 1999).

[28] Robert L. Wilken, *The Land Called Holy: Palestine in Christian History and Thought* [La tierra llamada santa: Palestina en la historia y el pensamiento cristiano], (New Haven: Yale University Press, 1992), 49, 52, 48.

[29] «Dabru Emet: A Jewish Statement on Christians and Christianity» [Dabru Emet: Una declaración judía sobre los cristianos y el cristianismo], Pro Ecclesia 11, no. 1 (2002): 6.

[30] Jeffrey K. Salkin, *Christian Century* [Siglo cristiano] 119, no. 22, 23 de octubre–5 de noviembre, 2002, 52; «Reflections on Covenant and Mission» [«Reflexiones sobre el pacto y las misiones»] publicado por National Council of Synagogues and Delegates of the Bishops' Committee on Ecumenical and Interreligious Affairs, 12 de agosto del 2002, 8.

Capítulo 1

[31] Las únicas que no son originalmente judías son Rut y Rahab.

[32] La palabra griega original es *murías*, plural de *múrioi*, que significa diez mil.

[33] Estas también son llamadas leyes de los hijos de Noé. Durante el Nuevo Testamento y la era posterior, los rabinos señalaban que fueron dadas a Noé por causa de los gentiles. Son lo que probablemente Jacobo y los ancianos de Jerusalén resaltaban en sus señalamientos hacia los gentiles creyentes en Hechos 15:1-35 (ver también Jubileos 7:20-28, del siglo II a.C.).

[34] «[…] los volveré *[apokatástasis]* a su tierra, la cual di a sus padres» (Jer. 16:15); «Porque pondré mis ojos sobre ellos para bien, y los volveré *[apokatástasis]* a esta tierra» (Jer. 24:6). «Y volveré a traer a Israel *[apokatástasis]* a su morada» (Jer. 50:19 [27:19 Septuaginta]); «Como ave acudirán velozmente de Egipto, y de la tierra de Asiria como paloma; y los haré habitar *[apokatástasis]*en sus casas, dice Jehová» (Os. 11:11).

Capítulo 2

[35] Justino Mártir, *Dialogue with Trypho* [Diálogo con Trifón] 80 y 81, en *Christian Classics Ethereal Library*: http://www.ccel.org/ccel/schaff/anf01. viii.iv.lxxx.html (énfasis añadido).

[36] Ireneo, *Against Heresies* 5.34.1: http://www.newadvent.org/fathers/0103534.htm.

[37] Ireneo, *Against Heresies* 5.35.1, 2: http://www.newadvent.org/fathers/0103535.htm.

[38] Tertuliano, *On Modesty* [Sobre la modestia] 8, http://www.newadvent. org/fathers/0407.htm. Tristemente, Tertuliano ayudó a propagar los falsos argumentos de que «los judíos» en general crucificaron a Jesús. En realidad los romanos perpetraron la crucifixión y solo un pequeño grupo de líderes judíos fueron responsables de conspirar con ellos.

[39] Marjorie Reeves, *The Originality and Influence of Joachim of Fiore, Traditio* [La originalidad e influencia de Joaquín de Fiore, Traditio] 36 (1980): 269–316; Hildegard, *Scivias sive visionum*, en *Patrologia Latina*, ed. J. P. Migne, 217 vols. (París, 1844-64), 197:713-15; *Liber divinarum operum*, en *ibid.*, 197:1020, citado en Reeves, *Originality and Influence of Joachim of Fiore*, 286.

[40] Robert O. Smith, *More Desired Than Our Owne Salvation: The Roots of Christian Zionism* [Más deseado que nuestra propia salvación: Las raíces del sionismo cristiano], (Nueva York: Oxford University Press, 2013), 58-59.

[41] *Ibid.*, 60; Donald M. Lewis, *The Origins of Christian Zionism: Lord Shaftesbury and Evangelical Support for a Jewish Homeland* [Los orígenes del sionismo cristiano: Lord Shaftesbury y el apoyo evangélico a una patria judía], (Cambridge: Cambridge University Press, 2010), 29.

[42] Lewis, *Origins of Christian Zionism*, 47; Smith, *More Desired Than Our Owne Salvation*, 64.

[43] Thomas Draxe, *The Worldes Resurrection, or The General Calling of the Iewes* [La resurrección del mundo o el llamado general de los judíos], (Londres: G. Eld y John Wright, 1608), 3, 63-64; Draxe, *An Alarum to the Last Judgement* [Una alerta del juicio final], (Londres: Nicholas Oakes y Matthew Law, 1615), 22, 74-77. El major análisis del sionismo del siglo XVII entre los puritanos es Smith, *More Desired Than Our Owne Salvation*, 69-94. Esta sección sigue su ejemplo.

[44] Thomas Brightman, *A Revelation of the Apocalyps* [Una revelación del apocalipsis], (Amsterdam: Hondius & Laurenss, 1611), 440, citado en Smith, *More Desired Than Our Owne Salvation*, 75.

[45] Henry Finch, *The Worlds Great Restauration, or, The Calling of the*

Iewes (Londres: Edward Griffin y William Bladen, 1621), A2-A3, 5-6.

⁴⁶ John Milton, *Paradise Regained* (1671), cap. 3, citado en Lewis, *Origins of Christian Zionism*, 33.

⁴⁷ John Cotton, *A Brief Exposition of the Whole Book of Canticles, or, Songof Solomon* [Una breve exposición del Libro de Cantares], (Londres: Philip Nevil, 1642), 195, 196.

⁴⁸ Smith, *More Desired Than Our Owne Salvation*, 124; Increase Mather, *Mystery of Israel's Salvation* [Misterio de la salvación de Israel] (Londres: John Allen, 1669), 43-44, 53-54.

⁴⁹ Wilhelmus à Brakel, *The Christian's Reasonable Service* [El servicio razonable del cristiano], 4 vols. (Ligonier, PA: Soli Deo Gloria, 1992), 4:530-31, 534-35, http://www.abrakel.com/p/christians-reasonable-service. html. Estoy agradecido por el trabajo de Barry E. Horner en *Brakel: Future Israel: Why Christian Anti-Judaism Must Be Challenged* [Brakel: El future Israel: ¿Por qué el cristianismo antijudío debe ser desafiado?], (Nashville: B&H Academic, 2007), 153-55.

⁵⁰ Blank Bible, Edwards Papers, Beinecke Rare Book y Manuscript Library, Yale University, 806; Edwards, *Apocalyptic Writings* [Escritos apocalípticos], ed. Stephen J. Stein, vol. 5 de *The Works of Jonathan Edwards* [Las obras de Jonathan Edwards], (New Haven: Yale University Press, 1977), 135.

⁵¹ Lewis, *Origins of Christian Zionism*, 44.

⁵² *Ibid.*, 43, 45.

⁵³ Declaración de Balfour, Ministro de exterior israelí: http://www.mfa.gov. il/mfa/foreignpolicy/peace/guide/pages/the%20balfour%20declaration.aspx.

⁵⁴ Lewis, *Origins of Christian Zionism*, 167-70.

⁵⁵ Lord Ashley, *State and Prospects of the Jews* [Estado y prospectos de los judíos] en Lewis, *Origins of Christian Zionism*, 169.

⁵⁶ Lev Gillet, *Communion in the Messiah: Studies in the Relationship between Judaism and Christianity* [Comunión en el Mesías: Estudios sobre la relación entre el judaísmo y el cristianismo], (Eugene, OR: Wipf & Stock, 1999), 158, 161.

⁵⁷ *Ibid.*, 164-66.

⁵⁸ George Faithful, *Inverting the Eagle to Embrace the Star of David: The Nationalist Roots of German Christian Zionism* [Invirtiendo en el águila para adoptar la estrella de David: Las raíces nacionalistas del sionismo cris-

tiano alemán] en *Comprehending Christian Zionism: Perspectives in Comparison* [Comprendiendo el sionismo cristiano: Comparando perspectivas], ed. Göran Gunner y Robert O. Smith (Minneapolis: Fortress, 2014), 283; *Faithful, Trust, Repentance, and Apocalyptic Zionism:*

[59] Carys Moseley, *Nationhood, Providence, and Witness: Israel in Protestant Theology and Social Theory* [Nacionalismo, providencia y testimonio: Israel en la teología protestante y la teoría social], (Eugene, OR: Cascade, 2013), xx.

[60] *Ibid.*, xxxii, 221-22, 226. Para la visión de Barth sobre la «parabola secular» ver *Church Dogmatics* [Dogmas de la Iglesia] 4.3.1, trad. G. W. Bromiley (Edinbugo: T&T Clark, 1961; rep., Peabody, MA: Hendrickson, 2010), 126-31; ver también Barth, *Church Dogmatics* 4.3.1 (pp. 53, 55-59).

Capítulo 3

[61] Daniel Boyarin, *The Jewish Gospels: The Story of the Jewish Christ* [Los evangelios judíos: La historia del Cristo judío], (Nueva York: The New Press, 2012), 124-25. Existe otra evidencia de que Boyarin está en lo correcto: hay cierto consenso entre los eruditos que la audiencia a quien el Evangelio de Marcos estaba dirigido eran los gentiles. Como David Rudolph ha señalado en su artículo «Jesús y las leyes alimenticias» (*Evangelical Quarterly* 74, no. 4 [2002]: 291-311), Marcos traduce siete palabras arameas al griego para ayudar a su audiencia griega (gentil). Una audiencia judía habría entendido el arameo, que es muy parecido al hebreo. Así que, de acuerdo a Rudolph, el significado de las palabras de Jesús en Marcos 7:19b es que todos los alimentos son limpios para los gentiles. Es por esto que los líderes judíos en el Concilio de Jerusalén en Hechos 15 tomaron la decisión que se nos menciona: los gentiles no deben practicar la circuncisión ni la dieta kosher porque son mandamientos de la Torá y esta es principalmente para los judíos. Rudolph piensa que Marcos citó a Jesús en 7:19 porque la iglesia primitiva aún se preguntaba (entre el año 64 y 75 d.C.) si los gentiles debían seguir las leyes alimenticias. El Concilio de Jerusalén (cerca del año 49 d.C.) nunca citó a Jesús para apoyar su resolución. Así que tal vez tanto los judíos como los gentiles si esto era correcto y si Pablo estaba bien al escribir en Romanos 14:20b (probablemente escrito entre los años 55 y 57 d.C.) casi las mismas palabras en griego: *pás* [*broma* en 20a]

mén kadsarós (todos los alimentos son limpios). Pablo estaba abordando el mismo tema, las diferencias entre la alimentación judía y gentil. Rudolph piensa que Marcos cita a Jesús utilizando casi estas mismas palabras para asegurar a los gentiles que los mandamientos kosher no aplicaban a ellos (incluso si aún eran requisito para todos los judíos, incluyendo a los judíos que creían en Jesús).

[62] El énfasis en este y en los siguientes párrafos es añadido.

[63] Para más sobre este tema en Salmos, ver Salmos 86:9; 145:12.

[64] Christopher J. H. Wright, *The Mission of God: Unlocking the Bible's Grand Narrative* [La misión de Dios: Descubriendo la gran narrativa bíblica], (Downers Grove, IL: IVP Academic, 2006).

[65] Gerhard von Rad, *The Problem of the Hexateuch and Other Essays* [El problema del Hexateuco y otros ensayos], trad. E. W. Trueman Dicken (Londres: Oliver & Boyd, 1966), 79.

[66] *Dictionary of Biblical Imagery*, ed. Leland Ryken, James C. Wilhoit, y Tremper Longman III (Downers Grove, IL: InterVarsity, 1998), 487–88.

[67] Pacto *(berit)* es mencionado 250 veces (la suma de las columnas 2 y 5). Se relaciona a la tierra en 176 ocasiones (la suma de las columnas 1 y 4). *Berit* aparece en la Torá 74 veces (la suma de las columnas 2 y 5) y en el 73 % de ellas la tierra se menciona o está implicada en el texto (suma de las columnas 1 y 4).

[68] *Dictionary of Biblical Imagery*, ed. Leland Ryken, James C. Wilhoit, y Tremper Longman III (Downers Grove, IL: InterVarsity, 1998), 487-88.

[69] Gary M. Burge, *Who Are God's People in the Middle East?* [¿Quién es el pueblo de Dios en el Medio Oriente?], (Grand Rapids: Zondervan, 1993), 60-93.

[70] Martens, *God's Design*, 106.

[71] Thomas Edward McComiskey, *The Covenants of Promise: A Theology of Old Testament Covenants* [Los pactos de la promesa: Teología de los pactos del Antiguo Testamento], (Grand Rapids, MI: Baker, 1985), 51.

[72] *Ibid.*, 205.

Capítulo 4

[72] La palabra «Torá» proviene de una raíz hebrea que significa «enseñanza» o «instrucción». La idea es que Dios es un Padre amoroso que les enseña a Sus hijos (a través de la Torá) cómo vivir sabia y alegremente. En

la actualidad, la palabra «ley» sugiere lo contrario: un incómodo conjunto de reglas prohibitivas que pueden prevenir la felicidad y pueden ser contrarias a la sabiduría. Por esta razón es mejor traducir «Torá» como «enseñanza», pero he mantenido «ley» en este libro porque es la palabra que la mayoría de las traducciones y que los eruditos utilizan.

[73] Ver Randall Buth y Brian Kvasnica, *Temple Authorities and Tithe-Evasion: The Linguistic Background and Impact of the Parable of the Vineyard Tenants and the Son* [Autoridades del templo y la evasión del diezmo: El trasfondo lingüístico y el impacto de la parábola de los labradores de la viña y el hijo], en *Jesus' Last Week: Jerusalem Studies on the Synoptic Gospels* [La última semana de Jesús: Estudios de Jerusalén sobre los evangelios sinópticos], vol. 1, ed. R. S. Notley, B. Becker, y M. Turnage (Leiden: Brill, 2006), 53-80.

[74] Contrario a David E. Holwerda, quien sostiene que Jesús nunca ofreció sacrificio o participó en actividades del templo (Holwerda, *Jesus and Israel: One Covenant or Two?* [Jesús e Israel: ¿Un pacto o dos?], [Grand Rapids: Eerdmans, 1995], 68). Ver Susan Haber, *Going Up to Jerusalem: Purity, Pilgrimage and the Historical Jesus* [Subiendo a Jerusalén: Pureza, peregrinaje y el Jesús histórico], en *They Shall Purify Themselves:Essays on Purity in Early Judaism* [Serán purificados: Ensayos sobre la pureza en el judaísmo primitivo], ed. Adele Reinhartz (Atlanta: Society of Biblical Literature, 2008), 181-206.

[75] Markus Bockmuehl hace referencia al *kelal gadol ba-Torah* (el principio más importante de la ley), por ej., Rabbi Akiva en Jerusalem Talmud Nedarim 9:4, 41c36-37; Sifra Qedoshim 4 en Levítico 19:18, §200.3.7 (Bockmuehl, *Jewish Law in Gentile Churches:Halakhah and the Beginning of Christian Public Ethics* [Ley judía en iglesias gentiles: Halakhah y el principio de la ética pública cristiana], [Grand Rapids: Baker Academic, 2000], 6, 8n14). Ver también Shmuel Safrai, *The Jewish Cultural Nature of Galilee in the First Century* [La cultura natural judía en la Galilea del primer siglo] *Immanuel 24/25* (1990): 147-86.

[76] Bockmuehl, *Jewish Law in Gentile Churches*, 10.

[77] Mishnah Yoma 8:6. Aunque esto proviene de finales del siglo I d.C. Talmud Babilónico Yoma 35b (baraita) atribuye el principio a los rabinos del primer siglo a.C. Ver Bockmuehl, *Jewish Law in Gentile Churches*, 7.

[78] Ver los párrafos previos y a Bockmuehl, *Jewish Law in Gentile*

Churches, cap. 1.

⁷⁹ *Ibid.*, 45.

⁸⁰ Gary Anderson, revisión de *The Church's Guide for Reading Paul* [La guía de la iglesia para leer a Pablo], por Brevard Childs, *First Things*, junio / julio del 2009, 46.

⁸¹ Mark S. Kinzer, *Postmissionary Messianic Judaism: Redefining Christian Engagement with the Jewish People* [Judaísmo mesiánico postmisionero: Redefiniendo la interacción cristiana con el pueblo judío], (Grand Rapids: Brazos, 2005), 88. Ver también David J. Rudolph, *A Jew to the Jews: Jewish Contours of Pauline Flexibility in 1 Cor 9:19–23* [Un judío para los judíos: Contornos judíos de flexibilidad paulina en 1 Corintios 9:19-23], (Tübingen: Mohr Siebeck, 2010).

⁸² Michael Wyschogrod, *Paul, Jews, and Gentiles* [Pablo, judíos y gentiles] en *Abraham's Promise: Judaism and Jewish-Christian Relations* [La promesa de Abraham: Judaísmo y relaciones judeo-cristianas], ed. R. Kendall Soulen (Grand Rapids: Eerdmans, 2004), 196-97. Ver también Hilary Le Cornu y Joseph Shulam, *A Commentary on the Jewish Roots of Galatians* [Un comentario sobre las raíces judías de Gálatas], (Jerusalén: Academon, 2005).

⁸³ John G. Gager, *Reinventing Paul* [Reinventando a Pablo], (Nueva York: Oxford University Press, 2000), 86, 89, 91.

⁸⁴ Frank Thielman, *From Plight to Solution: A Jewish Framework for Understanding Paul's View of the Law in Galatians and Romans* [Dificultad y solución: Un marco judío para comprender la perspectiva de Pablo sobre la ley en Gálatas y Romanos], (Eugene, OR: Wipf & Stock, 2007), 119. Thielman no hace distinción, como lo hago yo, entre judíos y gentiles en el pensamiento de Pablo sobre la aplicación de la ley, pero concuerda que «Pablo no creía que Cristo y la Torá fueran mutuamente excluyentes, sino complementarios» *(ibid.)*.

⁸⁵ Mark Nanos, *The Myth of the "Law-Free": Paul Standing between Christians and Jews* [El mito de "sin ley": Pablo entre los cristianos y los judíos] 6, http://www.marknanos.com/Myth-Lawfree-12-3-08.pdf. Ver también Nanos, *Paul and the Jewish Tradition: The Ideology of the Shema* [Pablo y la tradición judía: La ideología de la Shema], en *Celebrating Paul: Festschrift in Honor of J. A. Fitzmyer and J. Murphy-O'Connor* [Celebrando

a Pablo: Conmemoración en honor a J. A. Fitzmyer y J. Murphy-O'Connor], ed. Peter Spitaler (Washington, DC: Catholic Biblical Association of America, 2009), 62-80; Nanos, *Rethinking*

[86] Ver Raymond E. Brown y John P. Meier, *Antioch and Rome: New Testament Cradles of Catholic Christianity* [Antioquía y Roma: Cunas neotestamentarias del catolicismo cristiano], (Mahwah, NJ: Paulist Press, 1983), 6; y Wyschogrod, *The Impact of Dialogue with Christianity on My Self-Understanding as a Jew* [El impacto del diálogo con el cristianismo en mi entendimiento personal como judío], en Soulen, *Abraham's Promise*, 232, 234.

[87] Nanos, *Myth of the 'Law-Free' Paul* 2, 6. Ver también Daniel R. Langton, *The Myth of the "Traditional View" of Paul and the Role of the Apostle in Modern Jewish-Christian Polemics* [El mito de la "perspectiva tradicional de Pablo" y el rol del apóstol en la pólemica moderna judeocristiana], *Journal for the Study of the New Testament 28*, no. 1 (2005): 69-104.

[88] Irving Greenberg, *For the Sake of Heaven and Earth: The New Encounter between Judaism and Christianity* [Por el bienestar del cielo y la tierra: Encuentro entre el judaísmo y el cristianismo], (Filadelfia: Jewish Publication Society, 2004), 229.

[89] Brad Young, prefacio a *Christian Zionism: Navigating the Jewish-Christian Border* [Sionismo cristiano: Navegando sobre la frontera judeo-cristiana], por Faydra Shapiro (Eugene, OR: Cascade, 2015), xi.

[90] Walter Gutbrod, «Israēl» en *Theological Dictionary of the New Testament* [Diccionario teológico del Nuevo Testamento], ed. Gerhard Kittel y Gerhard Friedrich, trad. Geoffrey W. Bromiley, 10 vols. (Grand Rapids, MI: Eerdmans, 1964-76), 3:388.

[91] Bockmuehl, *Jewish Law in Gentile Churches*, xi.

[92] En realidad aquí se utiliza el acusativo gen, pero debido a que es un libro en español he omitido el uso de terminaciones específicas.

[93] La esposa nunca es llamada la «cabeza» de la familia como sucede con el esposo. A las esposas se les ordena someterse a sus esposos en tres ocasiones en el Nuevo Testamento (Ef. 5:22,24; Col. 3:18). A los esposos nunca se les dice que se sometan a las esposas. A todos se les ordena someterse «los unos a los otros» (Ef. 5:21), pero cuando el Nuevo Testamento especifica quién debe someterse a quién, solo a los hijos se les ordena someterse a las

esposas (si tienen hijos). Incluso algunos de los que apoyan el matrimonio con roles igualitarios reconocen este hecho en el texto bíblico.

Capítulo 5

[94] Por ejemplo, Mohammed Abu Laila, profesor de religión comparativa en la Universidad de Al-Azhar en el Cairo, declaró: «Los judíos robaron nuestra tierra» (Kenneth R. Timmerman, *Top Egyptian Cleric Justifies Terrorism* [El alto clero egipcio justifica el terrorismo], *Insight on the News*, 26 de noviembre del 2002: http://www.wnd.com/2002/11/15908/.

[95] Las Partición de las Naciones Unidas de 1947 es descrita abajo, así como la oferta que hizo Israel en el año 200 para ceder hasta el 92 % del Banco Oeste. También existió el plan de la Comisión de Pelado de 1937 para la partición. En cada caso, los árabes rechazaron los planes para compartir la tierra y los judíos o aceptaron los planes o buscaron alguna forma de continuar con las negociaciones, como en 1937. Ver Paul Johnson,

[96] Este y el siguiente mapa son de Eli Hertz, en http://www.mythsand-facts.org/conflict/mandate_for_palestine/mandate_for_palestine.htm.

[97] Plan de partición de las Naciones Unidas, https://en.wikipedia.org/wiki/United_Nations_Partition_Plan_for_Palestine#/media/File:UN_Palestine_Partition_Versions_1947.jpg.

Capítulo 6

[98] Aharon Cohen, *Israel and the Arab World* [Israel y el mundo árabe], (Boston: Beacon, 1976), 238.

[99] Benny Morris, *Righteous Victims* [Víctimas justas], (Nueva York: Vintage, 2001), 111; Abraham

[100] Rey Abdullah de Jordania, *My Memoirs Completed* [Mis memorias], (Londres: Longman, 1978), 88-89.

[101] Morris, *Operation Dani and the Palestinian Exodus from Lydda and Ramle in 1948* [Operación Dani y el éxodo palestino desde Lidia hasta Ramá en 1948] *Middle East Journal 40* (Invierno 1986): 82-83. La batalla por el pueblo árabe Deir Yassin es frecuentemente representada como una masacre judía y una expulsión forzada de los árabes. Pero parece haber sido una cruenta batalla con grandes pérdidas en ambos bandos, después de lo cual huyeron la mayoría de los pobladores. Ver Morris, *Righteous Victims*, 207-9.

[102] *The Memoirs of Haled al Azm* [Las memorias de Haled al Azm],

(Beirut, 1973), parte 1, 386-87.

[103] «Resolución 242 del Consejo de Seguridad de acuerdo a sus redactores» CAMERA.org, 15 de enero del 2007, http://www.camera.org/index.asp?x_context=2&x_outlet=118&x_article=1267. Ver también Prosper Weil, *Territorial Settlement in the Resolution of November 22, 1967* [Acuerdo territorial en la resolución del 22 noviembre de 1967], en *The Arab-Israeli Conflict* [El conflicto árabe-israelí], ed. John Moore (Princeton: Princeton University Press, 1974), 321.

[104] Para las citas en este y en los siguientes párrafos, ver el texto del artículo 49 en https://www.icrc.org/ihl/WebART/380-600056.

[105] Eugene W. Rostow, *Historical Approach to the Issue of Legality of Jewish Settlement Activity* [Abordaje histórico al asunto de la legalidad de los asentamientos judíos], *New Republic*, 23 de abril de 1990, http://www.takeapen.org/Takeapen/Templates/showpage.asp?DBID=1&LNGID=1&T-MID=84&FID=997.

[106] Acuerdo de armisticio árabe-israelí, 24 de febrero de 1949, disponible en Lillian Goldman Law Library, Yale Law School, http://avalon.law.yale.edu/20th_century/arm01.asp.

[107] Memorandum de Transjordania, 16 de septiembre de 1922, disponible en Wikisource, https://en.wikisource.org/wiki/Palestine_Mandate#-Trans-Jordan_Memorandum.2C_16_September_1922.

[108] Resolución 3379, «Elimination of All Forms of Racial Discrimination» [Eliminación de todo tipo de discriminación], https://web.archive.org/web/20121206052903/http://unispal.un.org/UNISPAL.NSF/0/761C106353 0766A7052566A2005B74D1.

[109] Irshad Manji, *The Trouble with Islam Today: A Muslim's Call for Reform in Her Faith* [El problema actual con el Islam: Llamado de una musulmana a una reforma en su fe], (Nueva York: St. Martin's Press, 2003), 108.

[110] Yoram Hazony, *Did Herzl Want a 'Jewish' State?* [¿Quería Hezl un estado judío?], *Azure 9* (Primavera 2000): 59, 63.

[111] Midrash Sifre Re'eh 80, citado en Rabbi Shai Held, *Living in the Land of Israel: Obligation, Option, or Sin?* [Viviendo en la tierra de Israel: ¿Obligación, opción o pecado?]: http://mechonhadar.s3.amazonaws.com/mh_torah_source_sheets/Shai%20Held.pdf. Gracias a Carl Kinbar, estudioso del

Talmud, por dirigirme a este ensayo.

[112] Talmud Babilónico Ketubbot 110b

[113] Rabbi Moshe Feinstein, *Responsa Iggerot Moshe: Even HaEzer, 1*, citado en Held, *Living in the Land of Israel*.

[114] Shadi Khalloul, *Is Modern Israel Faithful to the Moral Demands of the Covenant in Its Treatment of Minorities?* [¿Es Israel fiel a las demandas morales del pacto en su trato con las minorías?] en *The New Christian Zionism: Fresh Perspectives on Israel and the Land* [El nuevo sionismo cristiano: Perspectivas nuevas sobre Israel y la tierra], ed. Gerald R. McDermott (Downers Grove, IL: IVP Academic, 2016), 280-81.

[115] People: Minority Communities [Personas: Comunidades minoritarias], Ministerio de asuntos exteriores de Israel, www.mfa.gov.il/mfa/aboutisrael/people/pages/society-%20minority%20communities.aspx.

Capítulo 7

[116] Brad Young, *Meet the Rabbis: Rabbinic Thought and the Teachings of Jesus* [Conoce a los rabinos: Pensamiento rabínico y las enseñanzas de Jesús], (Grand Rapids: Baker Academic, 2007), 43.

[117] Richard Hays, *Reading Backwards: Figural Christology and the Fourfold Gospel Witness* [Leyendo al revés: Cristología figurativa y el cuádruple testimonio del evangelio], (Waco: Baylor University Press, 2014), 6-7.

[118] *Ibid.*, 102.

[119] *Mishnah Sanhedrin 10:1–4*, en *The Mishnah*, trad. Herbert Danby (Peabody, MA: Hendrickson, 2015), 397-98.

Capítulo 8

[120] Las franjas eran atadas a las cuatro «alas» (significado literal en el hebreo) o esquinas del manto de los hombres (Deut. 22:12). Que representaban la autoridad de quien las usaba es sugerido cuando Saúl rasgó «las alas» del manto de Samuel en el momento en que le suplicaba mantenerse en el trono (1 Sam. 15:27) y cuando David cortó las «alas» del manto de Saúl en la cueva de En-gadi (1 Sam. 24:4-5,11). Los rabinos enseñaban que el «Sol de justicia» en Malaquías 4:2 es el Mesías que en «sus alas traerá salvación», es decir, en sus franjas.

[121] El Antiguo Testamento protestante está compuesto de 39 libros que

contienen un total de 929 capítulos. El Nuevo Testamento está compuesto de 27 libros que contienen 260 capítulos. Los capítulos del Antiguo Testamento son el 78 % del total de los capítulos de la Biblia. Las páginas (803) del Antiguo Testamento en mi Biblia (ESV) representan el 77 % del total de esa versión (1042).

[122] Tienen razón en observar esto en la Biblia, incluyendo las cartas de Pablo. Él habla del «anhelo ardiente» de toda la creación de ser liberada de «la esclavitud de corrupción» (Rom. 8:18-25).

[123] Algunos podrían objetar que la tierra ganada en la guerra no puede ser una transferencia justa. Sin embargo, la mayoría de las personas que no tienen una participación en este conflicto en particular estarían de acuerdo en que si un bando inicia una guerra por territorio y la pierde, y la situación antes de la disputa era considerada legítima, entonces la tierra perdida por el agresor es legítimamente ganada por el bando que fue atacado. En 1948 los judíos habían aceptado la partición negociada por las Naciones Unidas y estaban listos para la paz. Los árabes no la aceptaron y dieron inicio a una guerra contra los judíos. En 1967, cuando estos últimos habían vivido durante años dentro de las líneas del armisticio estipulado al final de la guerra de 1948, de nuevo los árabes iniciaron una guerra para expulsar a los judíos. En ambos casos, los árabes la iniciaron, la llevaron a cabo, por territorio en situaciones en donde Israel había aceptado las fronteras impuestas por los poderes internacionales.

[124] Israel Today, 11 de febrero del 2007, citado en David W. Torrance y George Taylor, *Israel, God's Servant: God's Key to the Redemption of the World* [Israel, siervo de Dios: La clave de Dios para la redención del mundo], (Londres: Paternoster, 2007), 19.

[125] Por ejemplo, Corán 2:61: «Y fueron cubiertos de humillación y pobreza y regresaron con ira de Alá [sobre ellos]» (Versión internacional Sahih).

[126] Shaykh Prof. Abdul Hadi Palazzi,*What the Qur'an Really Says»* [Lo que realmente dice el Corán], http://www.templemount.org/quranland.html. Palazzi es el secretario general de la Asamblea Italiana Musulmán y el Califa para Europa de la Orden Sufi Qadiri.

[127] Carys Moseley, *Nationhood, Providence, and Witness: Israel in Protestant Theology and Social Theory* [Nacionalidad, providencia y testimonio: Israel en la teología protestante y en la teoría social], (Eugene, OR: Cascade,

2013), 226 (énfasis original).

Capítulo 9

[128] Jeffrey Goldberg, *The Iranian Regime on Israel's Right to Exist* [El régimen iraní sobre el derecho a existir de Israel], *The Atlantic*, 9 de marzo del 2015: http://www.theatlantic.com/international/archive/2015/03/Iranian-View-of-Israel/387085/

[129] N. T. Wright, *Surprised by Hope: Rethinking Heaven, the Resurrection, and the Mission of the Church* [Sorprendido por la esperanza: Reconsiderando el cielo, la resurrección y la misión de la Iglesia], (San Francisco: HarperOne, 2008).

[130] עַם ('am), en *A Concise Hebrew and Aramaic Lexicon of the Old Testament* [Un conciso léxico hebreo y arameo del Antiguo Testamento], ed. William L. Holladay (Grand Rapids: Eerdmans, 1971), 275.

[131] Estoy pensando en el notable resurgimiento del cristianismo en el sur, en donde los africanos, por ejemplo, ahora proveen liderazgo para los norteamericanos en comunidades anglicanas y otras iglesias.

[132] Jean Cardinal Daniélou, SJ, *The Sacraments and the History of Salvatio* [Los sacramentos y la historia de la salvación], *Letter and Spirit 2* [Letra y espíritu 2], (2006): 211.

[133] Ver, por ejemplo, Anna Bikont, *The Crime and the Silence: Confronting the Massacre of Jews in Wartime Jedwabne* [El crimen y el silencio: Confrontando la masacre de los judíos en Jeswabne], (Nueva York: Farrar, Straus and Giroux, 2015).